MOTOKI TONN

DAS GEHEIMNIS DER KLEINEN DINGE

Entdecke mit

IKIGAI

die Reichtümer, die dein Leben schon bereithält

INHALT

Dieses Buch ist kein wissenschaftliches Buch, es ist auch
kein spirituelles - oder vielleicht doch.

Es ist eine Reflexion über das,
was unser Leben lebenswert macht.
In Dankbarkeit und Achtung gegenüber den
Held*innen, die als Senseis (Meister*innen)
vor uns den Weg (»do«) gegangen sind.

Es ist eine Einladung, weiter zu suchen,
tiefer zu graben, dem Wind zu folgen,
unter Wellen zu tauchen, um dann zu entdecken,
da draußen ist es still, einfach, friedlich, still.
Was auf dich wartet, ist dein Ikigai.

Packe nur das ein, was du brauchst.

Nutze, was hilfreich ist, und lass alles andere los.

Es ist eine Reise, voller Möglichkeiten,
- ein neuer Weg.

EINFÜHRUNG

JAPAN ist ein Land voller Geheimnisse. Es ist magisch und zugleich ein Abenteuer, durch die Straßen von Tokio zu spazieren. Zwischen Reklame und Millionen von Menschen gibt es an jeder Ecke etwas Besonderes zu essen. Die Bars und Restaurants haben rund um die Uhr geöffnet, denn das Essen verbindet die Menschen. Die japanische Küche ist geprägt von Vielfalt, Frische und Ästhetik.

Ein Ausdruck davon sind »Bento-Boxen« (japanisch o-Bento お弁当). In ihrer Gestalt sind die japanischen Lunchboxen ein Sinnbild für die Esskultur und das Leben in Japan: Bento-Boxen sind schlicht und kompakt. Zugleich bieten sie Raum für eine Vielzahl von Köstlichkeiten. Alle Inhalte sind klar geordnet und frisch zubereitet. Dabei ist dies kein moderner Trend: Seit Hunderten von Jahren begleiten Bento-Boxen Reisende. Es gibt luxuriöse Boxen aus Echtholz und mit kunstvollem Lack verziert und einfache Plastik-Bento-Boxen in jedem Supermarkt.

Wenn wir hierzulande Sushi im Einzelhandel kaufen, erinnert die Anordnung auch an Bento-Boxen. Die Sushi-Rollen werden aus Reis und weiteren Zutaten hergestellt – doch ist es wirklich Sushi im japanischen Sinn? Nicht immer. Sushi wird in Japan frisch zubereitet. Frisch meint: Der Fisch war vor wenigen Stunden noch im Wasser. Es ist verständlich, wenn viele jetzt sagen »da hätte er auch bleiben können«. Mir geht es hier eher um das Beispiel. Bei einem echten Sushi aus Japan überdecken die Zutaten den Reis vollständig. Der Reis selbst ist kaum noch zu sehen. Zugleich ist der Reis enorm wichtig: Er ist fermentiert und Sushi-Meister lernen in ihrer Ausbildung in den ersten Jahren nichts anderes, als sehr guten Sushi-Reis herzustellen. Auch wenn also »Sushi« auf den

Verpackungen in unseren Supermärkten steht, ist nicht unbedingt authentische japanische Küche enthalten. Genauso ist es auch mit dem Ikigai: Nicht überall, wo Ikigai daraufsteht, ist auch Ikigai drin.

Es geht beim Ikigai um nicht weniger, als den Sinn des Lebens – und da gibt es viel zu entdecken. Lass mich dir Ikigai in der Tiefe und Weite der japanischen Bedeutung näherbringen und dich dabei begleiten, zu deinem persönlichen Ikigai zu finden. Die Suche ist eine Reise zu dir selbst, auf der du viel Neues über das Leben lernen kannst.

Dieses Buch ist dein Reiseführer. Die Werkzeuge und praktischen Hinweise können dir auf deiner Reise Orientierung bieten.

Und wenn das Leben einmal wieder kopfsteht, habe ich viele Reflexionseinheiten, Meditationen und Schreibübungen für dich entwickelt, die dir helfen können, Ruhe zu bewahren und auf deiner Route zu bleiben.

DER IKIGAI-SKANDAL

Wenn wir das wahre Ikigai entdecken wollen, führt uns ein kleiner Umweg zum Ziel. Wir müssen zunächst mit einem Missverständnis aufräumen, das uns sonst verwirren wird.

Ich spreche auch vom kleinen »Ikigai-Skandal« oder vom »Ikigai-Doppelgänger«.

Worum geht es? Wenn du nach Ikigai-Bildern suchst, wirst du online zahlreiche »Venn-Diagramme« finden. Sie sehen in etwa so aus, wie auf der Grafik. Ein einfaches, schablonenartiges Diagramm, welches vier Fragen zusammenbringt: Was ist deine Leidenschaft? Worin bist du gut? Was braucht die Welt? Wofür bezahlt dich die Welt?

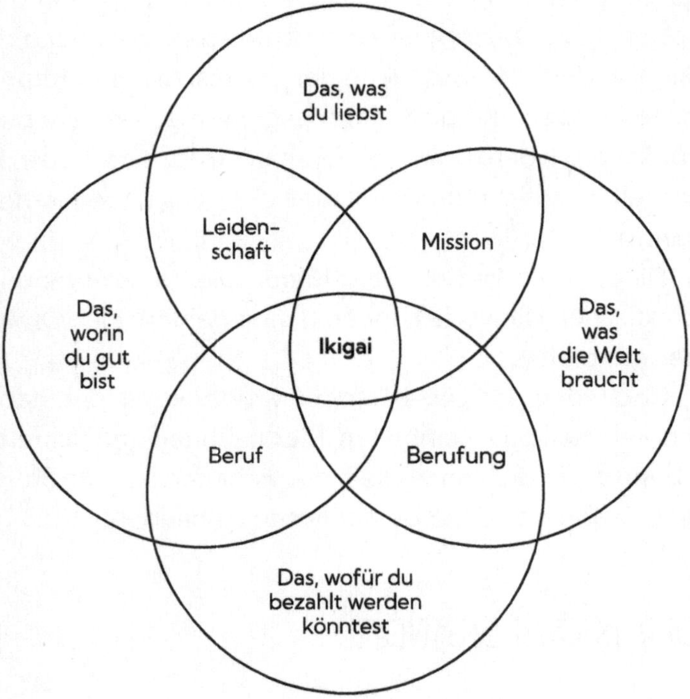

Der erste Skandal ist, dass der Urheber des Bildes so gut wie nie genannt wird. Das in den sozialen Medien mittlerweile millionenfach geteilte Venn-Diagramm stammt von dem spanischen Astrologen Andrés Zuzunaga. Er veröffentlichte sein vierkreisiges Modell unter dem Namen »Propósito«, was so viel wie »Sinn« bedeutet, im Jahr 2012. Mit dem Namen traf er einen Nerv: In unserer Zeit, in der die klassischen Träger von Sinn wie Religion, Familie und Erwerbsarbeit an Bedeutung verlieren, ist die Suche nach neuen Sinnstiftern von großem Interesse. Die Kirche verliert jedes Jahr ganze Städte von Mitgliedern, unser Bild von Familie verändert sich und unsere Arbeitsformen werden neu definiert. Viele können ihrer Arbeit heute von überall nachgehen und wechseln Anstellung, Position oder sogar Beruf im Laufe ihres Arbeitslebens mehr als nur einmal. Es ist noch nicht lange her, dass die meisten Menschen für Jahrzehnte derselben Tätigkeit nachgingen. So etwa mein eigener Vater, der erst vor Kurzem als Arzt in Rente ging. Er war sein Leben bei nur einem einzigen Arbeitgeber beschäftigt.

Kein Wunder, dass die bestechend einfache Sinn-Schablone auf große Resonanz stieß, verspricht sie doch, uns dabei zu helfen, eine neue Art der Berufung zu finden.

Doch nun die Überraschung: Sie hat nichts mit dem wahren japanischen Ikigai zu tun. Andrés Zuzunaga kannte die japanische Philosophie gar nicht. Wie kam es dann zur Verwechslung?

Einige Jahre nach der Veröffentlichung stieß der Blogger und Autor Marc Winn auf das Venn-Diagramm und fand es hochinteressant. Zugleich gab es einige Bücher und TED-Talks über die Langlebigkeit von Menschen, die in Japan leben. In diesen »Blauen Zonen« werden Menschen über hundert Jahre alt und sind sehr aktiv. Sie sind eingebunden in die Gesellschaft und sichtbar glücklich mit ihrem Leben. Die Erforscher der »Blauen Zonen« nannten Ikigai als einen der Gründe dafür. Marc Winn recherchierte dieses Phänomen und verband es mit der Sinn-Schablone. Er überschrieb das Venn-Diagramm mit Ikigai und veröffentlichte es 2014 in seinem Blog.

Daraufhin nahm die Sache ihren Lauf: Das Diagramm wurde durch weitere TED-Talks und durch die Kraft von Social Media weltberühmt. Heute finden wir Podcasts, YouTube-Videos und Tausende von Instagram-Beiträgen zu Ikigai - immer mit der Darstellung des Venn-Diagramms.

Mein guter Bekannter Chris Do hat einige Millionen Follower auf YouTube und Instagram. Er hilft Kreativen weltweit, mit ihrer Leidenschaft Geld zu verdienen. Er bietet Kurse zu Design und Kreativität an. Dabei ist ihm wichtig, dass Kreative mit ihren Fähigkeiten ihren Lebensunterhalt bestreiten können - dazu gehören auch finanzielle Themen. In der Zeit der Pandemie hat er über hundert Videos veröffentlicht, doch kein Video war so erfolgreich wie das Video mit dem Titel: »Wie du erfolgreich dein Leben als Kreative*r gestalten kannst - Ikigai«. Die vier Fragen von Andrés Zuzunaga sind für Chris Do und sein Publikum hoch relevant. Chris weiß um die Verwechslung - viele Coaches jedoch nicht.

Die Folgen: Es gibt heute zahlreiche Ausbildungsprogramme, Podcasts und Videos über das vermeintliche Ikigai als Venn-Diagramm mit vier Fragen. Sogar Industrie- und Handelskammern haben das Modell unter dem Namen »Ikigai« in die Coaching-Ausbildung mit aufgenommen. So manches erfolgreiche Video verspricht dir, dass du mit dem Venn-Diagramm deinen Lebenssinn in fünf Minuten finden kannst.

Das alles erstaunt Japaner*innen zutiefst. Denn das Diagramm hat nichts mit der wahren japanischen Bedeutung von Ikigai zu tun.

DAS JAPANISCHE IKIGAI

Ikigai setzt sich aus den Silben »Iki« und »Kai« zusammen. »Iki« entstammt dem Verb »ikiru« und bedeutet Leben, »gai« steht für »Wert« oder »wertvoll«. Je nach Kontext haben die Worte unterschiedliche Bedeutungen:

»Iki« steht für	»Kai« steht für
Leben	Wert
Geburt	wertvoll
Alltag	

生き + 甲斐

iki	**kai**
Kanji-Symbol „Leben"	**Kanji-Symbol „Wert"**

»Gai« ist eine Endung, die in der japanischen Sprache häufig verwendet wird, wenn etwas für wertvoll gehalten wird:

Yomi-gai = etwas ist lesenswert
Yari-gai = es lohnt sich, etwas zu tun
Asobi-gai = ein lohnenswertes Spiel
Hataraki-gai = Arbeit, die es wert ist, getan zu werden
Manbi-gai = etwas, das sich zu lernen lohnt

Auch Ikigai ist ein Wort, das im japanischen Alltag häufig gebraucht wird. Es ist zunächst nichts »Großes« oder eine Philosophie, die ein umfangreiches Studium voraussetzt.

Ikigai nutzen Japanerinnen, wenn sie zum Ausdruck bringen wollen, dass etwas »lebenswert« ist oder »etwas das Leben wertvoll macht«. Dies kann viel mehr als unser Berufsleben sein. Es kann etwas ganz Persönliches sein. Es kann all das sein, was du für wertvoll hältst.

REFLEXION

Schau einmal auf deinen bisherigen Tag zurück.
Für welche Momente bist du dankbar?

An welche erinnerst du dich noch gut?

Welches Gefühl verbindest du mit ihnen?

Waren es eher »kleine« oder »große« Momente?

Die japanische Kultur kann ganz anders sein als unsere europäische. Das macht sie für viele so interessant, ja geradezu geheimnisvoll. Auch Ikigai wohnt das Geheimnis der japanischen Kultur inne. Daher wird jede direkte Übersetzung seiner wahren Bedeutung nicht gerecht.

Eines können wir jedoch festhalten: Wenn sich Ikigai auf das gesamte Leben erstreckt, dann muss Ikigai so vielfältig sein, wie das Leben selbst. Kenchiro Mogi, Neurowissenschaftler und Autor aus Japan, findet dafür eine schöne Beschreibung: »Ikigai kann etwas Kleines oder etwas Großes sein. Ikigai ist ein Spektrum. Und die Komplexität von Ikigai spiegelt eigentlich die Komplexität des Lebens selbst wider.«

Ikigai lässt sich also nicht einschränken oder in eine Box packen. Das gilt auch für deinen Lebenssinn. Begrenze ihn nicht durch ein geschlossenes Diagramm mit vier Fragen.

Ikigai wird lebendig, wenn wir es in seiner Offenheit und Weite begreifen. So wie ein Regenbogen ein Spektrum von Millionen Farben enthält, darf dein Ikigai ein ganz eigenes Farbspektrum enthalten. Es ist individuell und nichts Feststehendes. Es ist nicht das Ende, sondern der Beginn einer Suche nach einem lebenswerten Leben.

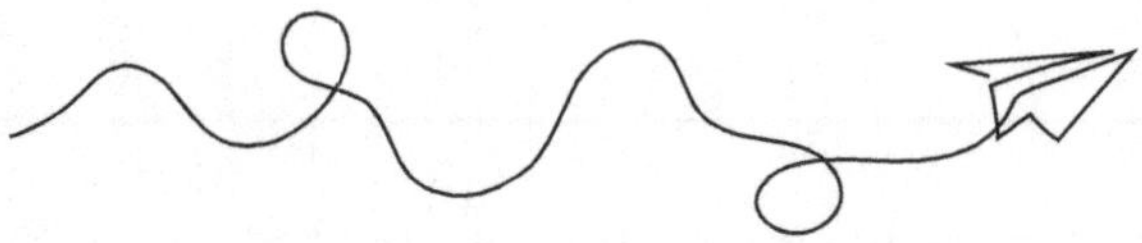

REFLEXION

Wenn du jetzt das Gefühl hast, am Anfang einer Reise zu sein, ist das genau richtig. Nimm dir etwas Zeit, ein Blatt Papier und etwas zu schreiben. Wenn du magst, kannst du dir als Begleitung und Inspiration Ikigai-Musik von Michael Nickel anmachen. Scanne dazu einfach den QR-Code.

Stell dir einen Timer auf zwanzig Minuten und nimm dir für jede der folgenden Fragen ein paar Minuten Zeit. Wenn du magst, atme einmal tief ein - und lass den Stift einfach schreiben. Antworte aus einem Fluss heraus, ohne zu viel darüber nachzudenken, was du schreibst.

Wenn du mal nicht weißt, was du schreiben sollst, kannst du schreiben »ich weiß nicht, was ich schreiben soll…« und dann kommt in der Regel schon der nächste Gedanke. Du wirst sehen, die Zeit vergeht wie im Flug.

Wonach sehnst du dich?

Was würdest du auf deiner Reise gerne entdecken?

Worauf freust du dich?

Wofür bist du jetzt schon dankbar?

Was kannst du zurücklassen, was würde dein Gepäck unnötig schwer machen?

Auf welche deiner Fragen könnte Ikigai eine Antwort sein?

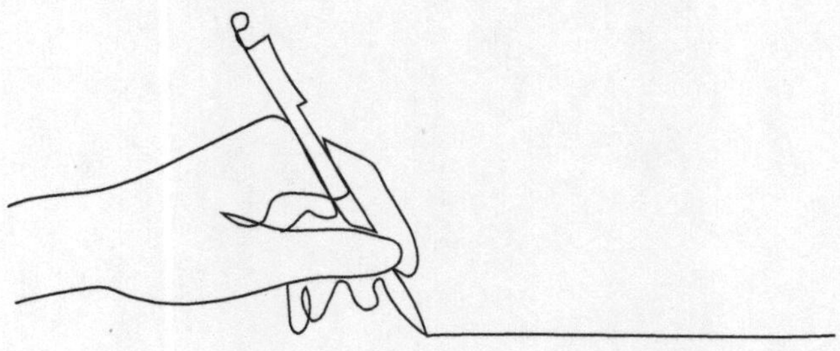

DIE REISE BEGINNT: IKIGAI-GRUNDLAGEN

IKIGAI können wir in allen Lebenslagen erleben, bei einem Sonnenaufgang oder wenn ein unbekannter Mensch uns freundlich grüßt. Es kann uns überraschen, wenn wir am wenigsten damit rechnen. Zugleich gibt es Übungen, die unsere Aufmerksamkeit für Ikigai schärfen können. Je mehr wir über uns wissen, umso näher kommen wir unserem Ikigai. Im Folgenden möchte ich dir gerne zeigen, wie du noch mehr über dich lernen kannst. Wir beginnen mit einigen wichtigen Grundlagen und einem Test, mit dem du herausfinden kannst, wo du gerade stehst. Je weiter die Reise geht, desto mehr wirst du über dich lernen.

DER IKIGAI-TEST

Der Ikigai-Test besteht aus neun Fragen, die den Sinn der eigenen Existenz aus der Ikigai-Perspektive messen. Er wurde von drei japanischen Forschern entwickelt und seitdem mehrfach validiert. Bei einem Forschungsprojekt in Großbritannien, bei dem herausgefunden werden sollte, ob die japanische Ikigai-Philosophie auf den westlichen Raum beziehungsweise auf Europa übertragbar ist, füllten mehr als 340 Teilnehmer*innen den Test aus. Die Forscher*innen stellten fest, dass die Ergebnisse der in Großbritannien lebenden Menschen den aus Japan gemeldeten Daten sehr ähnlich waren. Ikigai scheint also universell zu sein.

Du kannst diesen Test jetzt auch für dich machen und so herausfinden, wie stark du Ikigai bereits in deinem Leben spürst. Nimm dir dafür etwas Zeit und lass es dir gut gehen. Gehe dann jede der neun Fragen auf der folgenden Doppelseite in Ruhe durch und setze intuitiv deine Kreuze.

AUSWERTUNG

Je weiter rechts du deine Kreuze gesetzt hast, desto mehr Ikigai hast du bereits in deinem Leben. Das Testergebnis ist dabei keine Bewertung deiner Person. Der Test dient zur Reflexion und kann dir aufzeigen, in welchen Bereichen du in deinem Leben mehr Ikigai etablieren kannst. Dein Testergebnis steht immer im Zusammenhang mit deiner Lebenssituation. Betrachte das Ergebnis als eine Momentaufnahme. Es ist wie ein Polaroid-Bild deines Ikigai-Lebens.

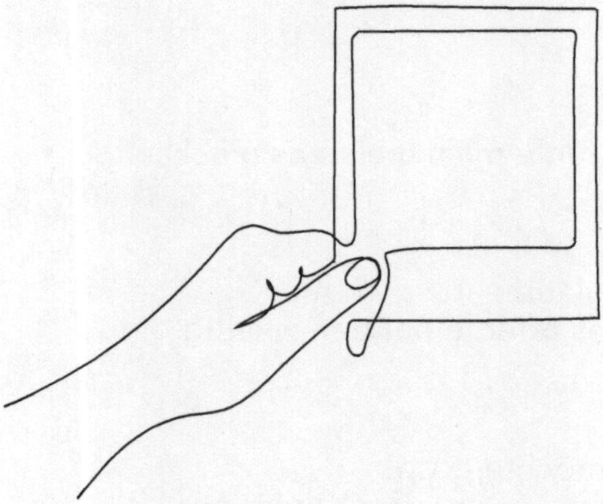

Schwach ausgeprägt

Ich glaube, dass ich einen gewissen Einfluss auf andere habe.

Ich würde mein Leben als »geistig reich« und erfüllt beschreiben.

Ich interessiere mich für viele Dinge.

Ich habe das Gefühl, einen Beitrag für jemanden oder die Gesellschaft zu leisten.

Ich möchte mich weiterentwickeln.

Ich fühle mich meistens glücklich.

Ich glaube, dass ich für etwas oder jemanden wichtig bin.

Ich möchte etwas Neues lernen oder beginnen.

Ich habe Platz in meinem Kopf (geistige Kapazitäten).

Stark ausgeprägt

Das Schöne ist, dass du den Test jederzeit wiederholen und so deine persönliche Ikigai-Entwicklung verfolgen kannst.

Im Folgenden findest du zahlreiche Übungen und Meditationen, mit denen du mehr Ikigai in dein Leben bringen kannst. Wenn du den Test wiederholst, nachdem du das Buch durchgearbeitet hast, wirst du sehen, dass sich das Bild verändert hat.

Um den Test jederzeit noch einmal machen zu können, kannst du ihn unter diesem QR-Code wiederholen:

Ein paar Impulse zum Test:

- Wenn du in einigen Bereichen ein Kreuz sehr weit links gesetzt hast, kannst du dich fragen, was passieren müsste, damit sich dieser Ikigai-Bereich weiterentwickelt.
- Was hält dich auf, welche Annahmen (innere Überzeugungen) triffst du (bewusst oder unbewusst), die dich daran hindern?
- Gleichzeitig können die Fragen auch ein Hinweis sein, Ikigai mehr Raum in deinem Leben zu geben: Wenn du dich z. B. für mehr Dinge interessieren möchtest oder dich schon für vieles interessierst, aber nicht dazu kommst, es umzusetzen, kann eine

Frage für dich sein, wie du dafür mehr Raum in deinem Leben entwickeln kannst.

- Wenn du in einigen Bereichen das Kreuz weiter rechts gesetzt hast, können sich für dich weiterführende Fragen ergeben:
- Wie kannst du dein Ikigai in diesem Bereich weiter pflegen? Wie kannst du andere inspirieren, ihr Ikigai zu entdecken und weiterzuentwickeln?

ZUSAMMENFASSUNG

1. Ikigai ist ein geläufiges Wort aus der japanischen Sprache und bedeutet »Leben« und »Wert«.
2. Die Ikigai-Philosophie lädt uns ein, im Alltag Werte und Sinn zu finden. Wenn wir unser Ikigai entdecken, werden wir uns bewusst, was unser Leben lebenswert macht.
3. Ikigai können wir in kleinen wie in großen Dingen des Lebens finden. Das macht Ikigai so vielfältig wie das Leben selbst.

DER IKIGAI-KOMPASS

Lebenssinn auf Knopfdruck, von einem Automaten mit einer künstlichen Intelligenz: Wir füttern ihn mit unserem Lebenslauf, ein paar Wünschen und unseren Werten - und schon kommt unser Lebenssinn heraus. Wäre das nicht schön?

Doch sowohl die künstliche Intelligenz als auch Schemata wie das Venn-Diagramm scheitern an der Fragestellung, was unser Lebenssinn sein könnte. Das Venn-Diagramm ist eine vorgefertigte Schablone, so etwas wie eine Standardkarte, die für Millionen von Menschen gleichermaßen genutzt wird. Dein Ikigai aber ist etwas Höchstpersönliches - wenn du es auf deiner Reise entdeckst und entwickelst, erhältst du deinen eigenen persönlichen »Kompass«.

Dazu gehört ein wenig Mut, denn wir verlassen Schablonen und damit vorgefertigte Karten, welche Millionen andere schon vor uns genutzt haben. Ganz viel Intuition, Gelassenheit und Offenheit für das, was vor dir liegt, werden dir helfen. Es ist der Gedanke, »dass da draußen etwas auf mich wartet«.

Die Frage, was dein Ikigai ist, kannst nur du allein beantworten. Der Ikigai-Kompass kann dir auf deiner Reise Orientierung geben. Seine Himmelsrichtungen zeigen Haltungen, die uns helfen, Ikigai zu verstehen, Ikigai zu finden und Ikigai zu praktizieren. Das Magnetfeld für den Kompass bilden unsere Werte, sie helfen uns bei der Ausrichtung und Orientierung. Sie sind die Grundlage für Entscheidungen, die wir auf der Reise treffen müssen. Unsere Werte werden wir im nächsten Kapitel mit einigen

Übungen ergründen. Die Himmelsrichtungen erläutere ich im Folgenden genauer. Sie sind:

- **Gelassenheit:** Ikigai findet uns. Wir begegnen Ikigai auf unserer Reise.
- **Respekt:** Ikigai lebt vom Respekt gegenüber der Vielfalt unseres Lebens.
- **Raum, Zeit und Stille:** Ikigai finden wir in unerwarteten Momenten, wenn wir Ikigai Raum geben.
- **Aufmerksamkeit:** Unser Ikigai lebt von unserer Offenheit und Aufmerksamkeit für die vermeintlich kleinen Dinge im Leben.
- **Einzigartigkeit:** Wahrnehmung und Wertschätzung der Vergänglichkeit des Augenblicks.
- **Vertrauen:** Es ist das Vertrauen, dass der Weg (»do«) das Ziel ist.
- **Wurzeln:** Wurzeln geben uns Halt. Sie erinnern uns an unsere Herkunft und geben uns Werte für unser Leben.
- **Harmonie und Frieden:** Ein lebendiges Ikigai zeigt sich durch Harmonie und persönlichen Frieden.

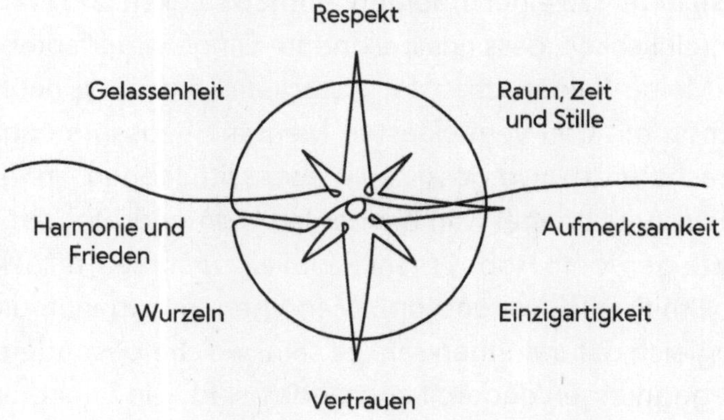

GELASSENHEIT

Eine Haltung, die uns hilft, unser Ikigai zu finden (und später auch zu praktizieren), ist Gelassenheit. Viktor Frankl hat einmal gesagt: »Je mehr wir dem Glück nachjagen, umso mehr vertreiben wir es.« So kann es uns auch mit Ikigai gehen. Je mehr wir dem Ikigai nachjagen, umso mehr verjagen wir es. Aber wenn wir uns von Vorstellungen lösen, dass wir Ikigai nur auf eine ganz bestimmte Art und Weise finden werden, können wir Überraschungen erleben. Ob wir stolpern oder auch mal stehen bleiben – nicht wir finden das Ikigai, sondern das Ikigai findet uns. Dies kann uns an ungewöhnlichen Orten widerfahren, abseits der klassischen Reiseroute. Das Ikigai kann uns in völlig unerwarteten Situationen begegnen.

Wenn ich darüber nachdenke, wie ich zu meinem Ikigai und meinen Ikigai-Quellen (mehr dazu später) gekommen bin, fühlt sich das eher wie ein zufälliges Stolpern an als eine zielgerichtete Bewegung. Im Englischen gibt es dafür das Wort »Serendipity« – ein glückliches Aufeinandertreffen. Die These dabei ist, dass es sich nicht immer um Zufälle handelt. Vielmehr führt die Tatsache, dass wir uns – bewusst oder unbewusst – mit Themen beschäftigen, zu einer erhöhten Aufmerksamkeit und Wahrscheinlichkeit, dass uns besondere Dinge widerfahren.

Meine Leidenschaft für Fotografie hat mich häufig schon mit den verrücktesten Menschen zusammengebracht und unvergessliche Lebenssituationen kreiert. Mein Anteil dabei war, meiner Intuition und Motivation zu folgen, dem Hobby mehr Raum einzuräumen, respektvoll mit der Kunst und den Menschen umzugehen und zugleich dafür aufmerksam zu sein, welche besonderen Begegnungen dadurch entstanden sind. Die Erinnerungen daran erzeugen in mir ein Glücklichsein – eine Art Zufriedenheit, vielleicht etwas Harmonie und Frieden. Man könnte sagen: einen Ikigai-Moment.

RESPEKT

Die japanische Kultur ist von Respekt geprägt. Japanische Fans hinterlassen bei Fußballspielen die Stadien blitzsauber – und nehmen dabei nicht nur den eigenen Müll mit, sondern auch den der »gegnerischen« Fangemeinde. Besonders deutlich wird dieser Respekt in der Art, wie sich Menschen in Japan begrüßen, fast immer mit einer kleinen oder größeren Verbeugung. Sie ist ein wichtiger und jahrhundertealter Brauch, und es gibt verschiedene Arten von Verbeugungen. Je tiefer und länger eine Verbeugung, umso größer der Respekt.

Ikigai bedeutet, dem Leben Respekt zu erweisen und das zu würdigen, was unser Leben lebenswert macht. Wenn wir Ikigai in unserem Alltag kultivieren, begegnen wir unserem eigenen Leben mit Achtung. Es ist viel mehr als Selbstfürsorge, es ist eine grundlegende Wertschätzung der Weite unseres Daseins. Aus dieser Haltung können wir auch den Menschen und den Dingen, die uns umgeben, mit Achtung gegenübertreten.

RAUM, ZEIT UND STILLE

Es gibt noch etwas in dem Bild der Verbeugung zu entdecken: Eine Verbeugung ist eine Unterbrechung. In dem Augenblick der Verbeugung wird nicht gesprochen, der Blickkontakt wird unterbrochen. Wir halten inne. Es findet eine Pause statt.

Diese Kunst der Pause hat in Japan eine tief verwurzelte Tradition und durchdringt die gesamte Kultur. Die Qualität von Stille genießt eine hohe Anerkennung.

Es ist eine Kunst des Weglassens, die wir auch in der japanischen Ästhetik und Lebensweise wiederfinden. Dahinter steht das Verständnis, dass wertvolle Dinge Raum zur Entfaltung benötigen.

Ikigai finden wir nicht im Schnelldurchgang – Ikigai braucht Raum und Zeit.

Sinnbildlich für diese Kunst des Weglassens ist die Blumenkunst Ikebana. Der durch sie bewusst geschaffene leere Raum ist nicht wirklich leer. Er verfolgt eine Intention, ist wie die Pause in der Musik, ohne die kein Rhythmus entstehen könnte oder der Moment zwischen zwei Atemzügen. Die Auslassung lässt uns das eigentliche Kunstwerk erkennen.

Dieser »leere Raum« heißt in Japan »Ma«. Das japanische Zeichen (»Kanji«) für dieses Wort verdeutlicht das Verständnis, dass eine Weglassung nicht gleichbedeutend mit einer Leere ist: Es kombiniert das Wort Tür mit dem Wort Licht (oder Sonne) und stellt so eine Tür da, durch deren Spalt die Sonne eindringt. Der scheinbar leere Raum ist mit Licht gefüllt.

門 + 日 = 間

Kanji-Symbol „Tür“	Kanji-Symbol „Sonne“	Kanji-Symbol „Ma“

Stille ist eine akustische Form der Pause. Sie wird in Japan nicht als unangenehm empfunden. Sie ist für unser Leben eine Notwendigkeit, so wie Pausen in der Musik, ohne die kein Rhythmus entsteht. Die Stille ermöglicht uns, innezuhalten, zu reflektieren und unseren Rhythmus in einer turbulenten Welt zu finden. Raum und Zeit für Stille ist der fruchtbare Boden für unser Wachstum.

Wenn Ikigai eine Reise ist, brauchen wir als Reisende Ruhezeiten. Es ist wie im Schlaf: In der vermeintlichen Ruhezeit geht unser Gehirn neuronale Verbindungen ein und verarbeitet Erinnerungen. Es lernt im wahrsten Sinne des Wortes »im Schlaf«. Neurowissenschaftler haben festgestellt, wie wichtig Ruhe für unser Gehirn ist. Auch in Japan wurden in den letzten Jahren zahlreiche Studien erstellt, welche die Auswirkungen von ausgedehnten Ruhezeiten beim Waldbaden auf unsere Gesundheit und unser Stresssystem aufzeigen konnten.

Unser westliches Leben allerdings ist geprägt vom Tun. Wir finden Bestätigung in unseren Aktivitäten und beim Finden von Lösungen. Wir sind auf der Suche nach dem nächsten Projekt. Eine regelmäßige (aktive) Pause ist eine wunderbare Unterbrechung, die dir helfen kann, dein Ikigai zu erkennen. Sie lässt dich wahrnehmen, was dein Leben lebenswert macht. Die Pause ist eine Verbeugung vor deinem eigenen Leben.

AUFMERKSAMKEIT

Geld verdienen, Karriere machen und Erfolg haben können schöne Nebeneffekte sein, wenn wir unser Ikigai finden und pflegen, doch sie sind anders als im Venn-Diagramm in der Philosophie des wahren Ikigai keine zwingenden Bestandteile eines erfüllten Lebens. Ein alter Spruch besagt: »Deine Karriere kommt dich nicht im Krankenhaus besuchen.« Ich würde ergänzen: »Das Ikigai schon. Es hilft dir auch an schwierigen Tagen.«

Warum? Beim wahren Ikigai geht es nicht darum, viele Reichtümer anzuhäufen – es geht vielmehr darum zu entdecken, welcher Reichtum in unserem Leben schon vorhanden ist.

Häufig wird uns erst bewusst, was eine Sache oder eine Person für uns bedeutet, wenn sie uns fehlt. Der wahre Wert erschließt sich erst durch die Abwesenheit. Wir wissen unsere Gesundheit erst zu schätzen, wenn wir krank sind. Wir beginnen Dinge aus unserem Alltag dann wieder wertzuschätzen, wenn sie uns fehlen oder wenn sie kaputtgehen.

Ikigai lädt dich dazu ein, diesen Wert schon vorher zu erkennen und bewusst nach den vermeintlich kleinen Dingen Ausschau zu halten, die dein Leben bereichern. Dadurch werden wir aufmerksamer für unsere Reichtümer und behandeln sie mit Respekt und Aufmerksamkeit. Dabei hilft es uns, wenn wir Pausen im Alltag einlegen, innehalten und reflektieren.

Diesen Perspektivwechsel ermöglicht Ikigai. Durch Ikigai werden wir dankbarer für die vermeintlich kleinen Dinge des Lebens. Sie sind nur vermeintlich klein, da sie eine große Bedeutung für unser Leben haben können. Sie werden wertvoll, weil wir ihnen diesen Wert zuschreiben: durch Zeit, Respekt und unsere Aufmerksamkeit. Diese Dinge in unserem Leben können Momente, Ereignisse, Hobbys, Gegenstände und natürlich Menschen um uns herum sein. Die Aufmerksamkeit, die wir ihnen schenken, führt zu Verbundenheit und Dankbarkeit.

Und das tut uns gut. Die Glücksforschung hat in den letzten Jahren aufzeigen können, dass Dankbarkeit zu seelischer Gesundheit und Wohlbefinden führt. Diese Dankbarkeit in uns zu entwickeln – dabei hilft uns Ikigai!

REFLEXION

Notiere:
Welche Schätze sind in deinem Leben vorhanden, die du für selbstverständlich hältst?

Welche Dinge würden dir fehlen, wenn sie nicht mehr da sind?

Was hindert dich daran, den Wert und die Bedeutung dieser Dinge jetzt schon zu schätzen?

Wie kannst du Räume und Zeiten schaffen, um dir deiner Reichtümer noch bewusster zu werden?

EINZIGARTIGKEIT

In Japan gibt es ein tiefes Verständnis für die Einzigartigkeit und damit auch für die Vergänglichkeit des Augenblicks. Diese Einzigartigkeit erstreckt sich auf den Moment, die Menschen, denen wir begegnen, und auf die Umwelt.

Dieses Prinzip kommt in der Philosophie »ichi-go ichi-e« zum Ausdruck, was so viel bedeutet wie »eine Sache zur gleichen Zeit«. Sie stammt aus der Teezeremonie und lehrt uns, dass es nur eine Chance gibt, sich ganz auf das einzulassen, was man tut. Das Prinzip findet sich auch in anderen traditionellen japanischen Kunstformen wie der Kalligrafie, wo es bedeutet, dass kein Strich im Nachhinein korrigiert wird. Es lehrt uns, den Moment zu respektieren, der einmalig ist. Wir lernen dabei, das zu akzeptieren, was gegenwärtig geschieht - ohne nachträgliche Schönheitskorrekturen. Dies führt dazu, dass wir die Besonderheit von Momenten und Dingen auch abseits von Perfektion entdecken können.

Für mich wird »ichi-go ichi-e« besonders deutlich in der Kunst von Rita Gouveia, die ich beim Schreiben dieses Buches kennenlernte. In der Corona-Zeit begann sie, große Gemälde am Strand zu zeichnen. Als Architektin hat sie einen ausgeprägten Sinn für Symmetrie und geometrische Formen. Als sie mit ihren Kunstwerken am Strand begann, nutzte sie nur Stöcke und Utensilien, die sie in der Natur fand. Ergänzt hat sie ihre Werkzeuge heute um eine Harke, mit der sie große geometrische Formen, Blumen und ganze Labyrinthe am Strand zeichnet.

Rita nimmt sich Zeit für ihre Werke und stört sich nicht daran, wenn Kinder, Hunde oder Vögel ihre Kunstwerke begehen. Häufig wird sie angesprochen, warum sie ihre Kunstwerke am Strand zeichnen würde - es wäre doch viel zu schade, wenn sie wenige Stunden später weggespült werden.

Doch das ist gerade das Wesen ihrer Kunst. Es ist eine Momentaufnahme, die für kurze Zeit entsteht. Wenn die Kunstwerke von der nächsten Flut weggespült werden, ist Rita häufig schon verschwunden. Für sie zählt der Moment.

VERTRAUEN

Als Kind begann ich mit Judo in einem Judoclub in Hannover. Unser Meister, im japanischen »Sensei« genannt, hatte unser »dojo« in einem Hinterhof eingerichtet. Dojo bedeutet »immersiver Trainingsraum« - und genau das war er auch. Unser Raum wurde nur für Ju-do und Karate-do genutzt. Alles war auf das mentale und körperliche Training ausgelegt. Noch heute erinnere ich mich an den Duft der Holzkonstruktion und daran, wie oft ich das Vergnügen hatte, die Matte (»Tatami«, Matten mit Reis gefüllt) zu begrüßen. Ob im Sitzen, Liegen oder weil ich - freiwillig oder unfreiwillig - auf sie fiel.

Dōjō bedeutet wörtlich »Ort des Weges«. Es meint einen Ort, an dem wir unseren Weg finden. Die Idee des Weges ist zentral für die japanische Philosophie und für dein Ikigai.

Traditionelle japanische Sportarten wie Ju-do oder Aiki-do, aber auch Künste wie die Kalligrafie (Shodō), die Teekunst (Sadō) oder die Kunst des Blumenarrangierens (Ikebana oder Kadō) beruhen alle auf der Philosophie des Weges. Es ist das Vertrauen darauf, dass der Weg das Ziel ist.

Wenn du einem weisen Sensei begegnest, wird er oder sie sich dir mit Hingabe widmen und dich an allem Wissen teilhaben lassen in der Erkenntnis, dass es sich dabei nur um einen Bruchteil dessen handelt, was es zu erkennen gibt. Diese Haltung entspringt einer tiefen Demut und zugleich dem Vertrauen, dass jede Person ihren eigenen Weg finden wird. Ihr zugrunde liegt die Idee des »Anfängergeistes« (»Shoshin«, im englischen mit dem Sprichwort »little I know« verbunden).

Shoshin ermöglicht den erfahrensten Meistern, offen für neue Erfahrungen zu sein und sich so ständig weiterzuentwickeln. Sie hören selbst im hohen Alter nicht auf, Lernende zu sein.

Im Dojo entsteht dadurch etwas Wunderbares: eine Gemeinschaft von Lernenden, die sich zusammenfindet, um den Weg zu ergründen.

Schüler*innen tun dies im größten Respekt gegenüber ihrem Sensei. Sensei bedeutet so viel wie »jemand, der vor mir gelebt hat«. Sie zeigen damit Respekt für Lehrer*innen, die den Weg bereits vor ihnen begonnen haben. Was alle verbindet ist die Erkenntnis, dass sowohl Schüler*innen als auch Lehrer*innen Lernende auf dem Weg sind.

Die Haltung, die diese Lernerfahrung ermöglicht ist einerseits eine nie aufhörende Offenheit und zugleich das Vertrauen, dass jede Person ihren Weg finden wird. Diese Haltung von Offenheit und Vertrauen wird uns auch auf unserem Weg zum Ikigai führen.

WURZELN

Wurzeln geben uns Halt auf unserer Reise. Sie erinnern uns daran, woher wir kommen. Sie zu finden ist nicht immer leicht, und manchmal braucht es ein halbes Leben, um sich ihrer bewusst zu werden.

Meine Wurzeln zeigen sich in meinen beiden Namen: Klaus und Motoki, beides Vornamen, die unterschiedlicher nicht sein könnten. Die meisten Menschen nennen mich »Motoki«, den japanischen Vornamen habe ich meiner Mutter zu verdanken. Sie stammt aus Kyoto und kam zum Studium nach Europa. Klaus hingegen ist ein typisch deutscher Name, der mein Rufname in der Schulzeit war. Das schien praktisch und machte nicht viel Aufsehen. Heute sagen nur noch wenige »Klaus« – Motoki passe viel besser zu mir, sagen die meisten.

Namen können prägend für unsere Identität sein. Wir können uns mit ihnen anfreunden oder unser Leben lang mit ihnen kämpfen. Oft erinnern sie uns an unsere Wurzeln.

Es sind kostbare Momente, wenn wir erinnert werden. Für mich hat das Schreiben dieses Buchs viele solcher Momente beschert. Ich spürte immer wieder, wie mich die Themen der japanischen Kultur berührten. Das Schreiben über Japans Geschichte erinnerte mich an meine eigene Geschichte, an meine Herkunft und meine Wurzeln.

Zugleich gibt mir dieses Gefühl Orientierung und letztlich die Motivation, diese Arbeit zu tun.

Unsere Wurzeln helfen uns bei der Verortung und können uns immer wieder ausrichten. Wie Koordinaten zeigen sie uns auf, woher wir gekommen sind und wo wir uns auf der Reise befinden.

ÜBUNG: DEINE WURZELN

Wurzeln können wir über Personen, Orte, aber auch sinngebende Momente im Leben finden. Manchmal erinnert uns ein alter Song, den wir zufällig wieder hören, an einen solchen Moment. Welche Begegnungen, welche Menschen, welche Orte waren für dich besonders wertvoll?

Auf der nächsten Doppelseite kannst du bedeutsame Erfahrungen auf deiner Lebenslinie vermerken. Du kannst dir dafür als Inspiration Musik aus der jeweiligen Zeit anstellen oder alte Fotos raussuchen. Das kann ziemlich emotional werden - daher lass dir Zeit und gehe nur so viele Schritte in die Vergangenheit, wie du magst.
Alles, was du findest, kann dich zu deinen Wurzeln führen. Behalte die Momente, deren Erinnerung dir guttut und an denen du gewachsen bist - alles andere kannst du getrost loslassen.

Was ist passiert?

Wer war involviert?

Was habe ich gelernt?

Wofür bin ich dankbar?

Welchen Wert haben
diese Erinnerungen für mich?

KINDHEIT

JUGEND	ERWACHSENENALTER

HARMONIE UND FRIEDEN

Wenn es eine Formel für dein Ikigai gibt, könnte sie lauten: **Dein Ikigai ist in den Momenten stark, wenn du das Leben als lebenswert und harmonisch empfindest.**

Kein anderes Element steht so zentral für die Kultur Japans wie Harmonie. Je mehr wir darüber verstehen, umso mehr können wir Ikigai im authentischen Sinn entdecken.

Harmonie heißt im Japanische »Wa« (和) und bedeutet eine friedliche Einigkeit. Diese Harmonie meint mehr als die Abwesenheit von Schlechtem (Krieg, Konflikt), sie bedeutet die Anwesenheit einer friedvollen Qualität.

»Wa« wurde bereits vor über 1500 Jahren in der wohl ersten Verfassung Japans als wichtiges Staatsprinzip benannt. Es bezieht sich auf die Harmonie und Einheit des Volkes, des Landes und der Kultur und verdeutlicht ein besonderes Engagement für den Respekt gegenüber jedem Einzelnen.

Kanji-Symbol „Harmonie"

Wie wichtig Harmonie in der japanischen Kultur ist, verdeutlicht auch der Name der aktuellen Kaiserepoche: »rei-wa«, schöne Harmonie. Premierminister Shinzō Abe begründete die Namensentscheidung 2019 mit folgenden Worten:

»Es wurde in der Hoffnung entschieden, dass Japan ein Ort sei, an dem jeder Mensch wie jede Blume mit Hoffnung für morgen groß erblühen kann, wie Pflaumenblüten in voller Blüte, welche die Ankunft des Frühlings ankündigen.«

Wenn wir Ikigai erleben, blühen wir auf und spüren:

Das Leben ist lebenswert. Wir erkennen die Einzigartigkeit des Augenblicks und fühlen uns lebendig. Dies ist der Kern von Ikigai.

REFLEXION

Notiere:
Wir alle sind in unserer Persönlichkeit unterschiedlich. Welche Elemente des Ikigai-Kompass sind dir leicht zugänglich?

____

____

____

Welche sind dir fremd, welche fordern dich heraus?

____

____

____

Über welche möchtest du noch mehr erfahren?

____

____

____

____

ZUSAMMENFASSUNG

Der Ikigai-Kompass verhilft dir, dein Ikigai zu finden. Jede Himmelsrichtung ist eine Haltung, die dir Zugang zu deinem Ikigai verschaffen kann.
Je nach Lebenssituation können dir unterschiedliche Haltungen eine Hilfe sein und Orientierung geben. Den Kompass setzt du am besten für dich ein, wenn du ihn flexibel nutzt.

IKIGAI-QUELLEN UND IKIGAI-GEFÜHLE: IKIGAI UND IKIGAI-KAN

Um Ikigai näher zu verstehen, hilft uns die Unterscheidung von Ikigai-Quellen und Ikigai-Gefühlen, die wir der Begründerin der Ikigai-Psychologie zu verdanken haben, Mieko Kamiya. Ein Ikigai-Gefühl nennen wir Ikigai-kan. Es bezeichnet unseren mentalen Zustand in einem Ikigai-Moment, den Sinn, denn wir dabei verspüren.

Ikigai und Ikigai-kan

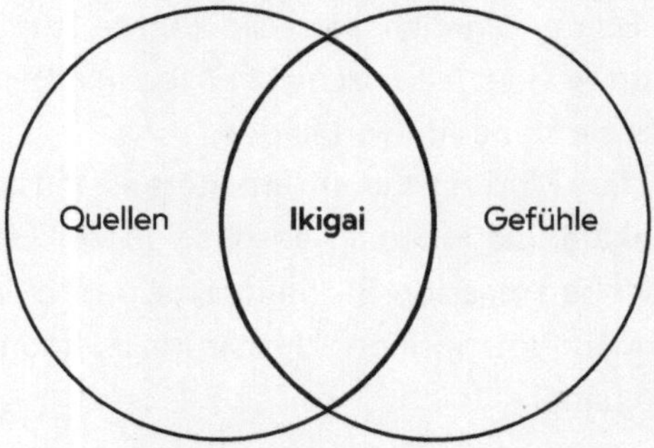

Alles, was uns Ikigai-Gefühle verschafft, ist eine Ikigai-Quelle. Das führt zu einer schier endlosen Zahl von möglichen Ikigai-Quellen. Das Schöne dabei ist, dass Ikigai-Quellen auch Dinge sein können, für die wir nichts tun müssen: singende Vögel, Blätter, durch die der Wind weht, ein Sonnenuntergang.

Ich selbst empfinde das Leben als lebenswert, wenn ich den Wellen lauschen kann, einen Sonnenuntergang sehe, mich entspannt auf dem Fahrrad oder auch Surfboard bewegen kann – und wenn ich höre, wie meine Kinder mit Freunden spielen. Das sind alles Ikigai-Quellen. Wenn ich etwa meinen Kindern zuhöre, ruft dies in mir ein Gefühl (Ikigai-kan) von Freude und Lebendigkeit

MIEKO KAMIYA

Mieko Kamiya war eine vielseitig begabte japanische Frau, die sich Mitte des letzten Jahrhunderts nach dem Verlust einer großen Liebe die Frage stellte, was ihrem Leben noch Sinn gab. Obwohl ihr Leben erfolgreich war - sie konnte studieren und am Hof der japanischen Prinzessin arbeiten - konnte sie keine Antwort finden.

Nach dem Medizinstudium arbeitete sie mit Lepra-Erkrankten, die in Japan abseits von der Gesellschaft leben mussten. Sie entdeckte, dass manche von ihnen, trotz widriger Umstände, Hoffnung im Leben hatten.

1966 erschien ihr Werk Ikigai ni tsuite, der Titel bedeutet so viel wie: »Was das Leben lebenswert macht«. Das Buch war in Japan ein großer Erfolg, wurde aber bis heute in keine andere Sprache übersetzt.

Auch in anderen Veröffentlichungen sprach sie von Ikigai und von ihr stammt folgendes Zitat:

»Es gibt nichts Größeres für die Menschen, um das Leben in Fülle zu leben, als IKIGAI. Deshalb gibt es keine größere Grausamkeit, als Menschen ihres Ikigai zu berauben, und keine größere Liebe, als Menschen ihr Ikigai zu geben«.

hervor. Dieses Gefühl lässt mich aufblühen und dankbar werden. Ich spüre, das Leben ist lebenswert, und es geht voran. Das Gefühl, dass wir uns in die Zukunft bewegen, kann sehr sinnstiftend sein. Wir lehnen uns gewissermaßen in die Zukunft, die Stück um Stück in die Gegenwart hineinbricht.

ÜBUNG: DEINE IKIGAI-QUELLEN

Nimm dir etwas zu schreiben und liste auf der nächsten Seite für drei Minuten im Kasten »Ikigai-Quellen« Momente auf, in denen du das Leben als lebenswert empfindest. Schreibe dann in den Kasten »Ikigai-Gefühle« Gefühle, die du mit diesen Momenten verbindest. Lass dir ein paar Minuten Zeit für diese Übung. Du kannst dazu gerne etwas Ikigai-Musik hören (siehe QR-Code Seite 18). Schau dann auf deine Liste: Gibt es Bedingungen, die du brauchst, damit in den Momenten Ikigai-Gefühle entstehen können? Liste diese Bedingungen auf der linken Seite im dritten Kasten auf. Was kannst du zukünftig tun, um diesen Momenten viel Raum in deinem Leben zu geben? Schreibe auf die rechte Seite. Du kannst gerne konkret werden und Vereinbarungen mit dir treffen oder Termine in deinen Kalender eintragen (»Dafür nehme ich mir Zeit am ...«).
Wenn du etwas Inspiration brauchst, findest du in den Umschlaginnenseiten Beispiele für Ikigai-Quellen, Ikigai-Gefühle und Ikigai-Bedingungen, zusammengestellt anhand der Antworten von Teilnehmer*innen meiner Seminare.

IKIGAI-GEFÜHLE

=

IKIGAI-QUELLEN

IKIGAI-BEDINGUNGEN

Bedingung	Was ich für sie tun kann

ZUSAMMENFASSUNG

Ikigai-Gefühle (Ikigai-kan) haben wir, wenn wir spüren, dass das Leben lebenswert ist. Auf eine Formel gebracht können wir sagen:
Ikigai-Quellen + Ikigai-Bedingungen = Ikigai-Gefühle (Ikigai-kan)

DIE SIEBEN IKIGAI-DIMENSIONEN

Mieko Kamiya entwickelte sieben Dimensionen, die unser Ikigai fördern: Lebenszufriedenheit, Wachstum und Veränderung, eine gute Zukunft, Resonanz (was bedeutet, dass wir mit jemandem oder etwas im Einklang sind, auf einer Wellenlänge schwingen), Freiheit, Selbstverwirklichung und Bedeutung und Wert. Sie können eine Orientierung für die Suche nach unserem eigenen Ikigai sein. Mieko Kamiya betonte dabei, dass nicht immer alle Dimensionen gleich ausgeprägt sind. Denk also an die erste Ikigai-Haltung, die Gelassenheit, wenn du das Gefühl hast, nicht allen Dimensionen in deinem Leben ausreichend Raum zu geben.

Um die Dimensionen etwas greifbarer zu machen, lass uns einen Blick auf einige Lebensgeschichten werfen, in denen sie zum Klingen kommen.

EIN LEBEN FÜR DEN FILM – HAYAO MIYAZAKI

Manga-Comics werden in Japan von Jung und Alt gelesen. Wenn man durch das Land reist, sieht man sie überall, im Bus, im Café, in jedem Buchladen. Man findet sie in Tageszeitungen, im Fernsehen und in jeder Zeitschrift.

Auch in den deutschsprachigen Ländern gibt es eine wachsende Fangemeinde von Mangas und Anime, den dazugehörigen Zeichentrickfilmen. Ich bin immer wieder begeistert, wie gut einige Fans Japanisch sprechen können – so tief tauchen sie in die Kultur ein.

Man muss aber kein Fan sein, um die wahrscheinlich berühmteste Anime-Verfilmung in Deutschland zu kennen: Heidi.

In den Siebzigerjahren reisten zwei Zeichentrickfilmer nach Europa, um eine Verfilmung von Pipi Langstrumpf zu realisieren. Doch Astrid Lindgren lehnte ab. Nach der Enttäuschung stießen sie per Zufall auf die Geschichte von Heidi und entdeckten die Erzählungen von Johanna Spyri aus dem 19. Jahrhundert - und das beeindruckende Schweizer Alpenpanorama. Die 52 Episoden wurden in viele Sprachen übersetzt und ein internationaler Erfolg.

Einer der Zeichner war Hayao Miyazaki, der zu einem der renommiertesten Zeichentrickfilmer Japans werden sollte. Dabei waren es eher herausfordernde Umstände, die ihn die Liebe zum Zeichnen und Schreiben entdecken ließen. Seine fragile Gesundheit erlaubte Miyazaki in jungen Jahren keine wilden Abenteuer. So war er viel zu Hause und entdeckte die Kraft der Geschichten.

Sein Studio Ghibli hat mittlerweile über 22 Filme produziert und zahlreiche Preise gewonnen. Alle seine Filme sind handgezeichnet und werden dann animiert. Heidi wurde noch auf Papier entworfen, die heutigen Filme entstehen am Computer. Nur in wenigen Ausnahmefällen werden Effekte eingesetzt. Dadurch sind die Filme extrem aufwendig - für zwölf Minuten Animationsfilm arbeitet das Studio etwa ein Jahr. Eine technische Lösung lehnt Miyazaki ab, da er seine Geschichten und Charaktere aus genauer empathischer Beobachtung entstehen lässt. Das stößt auf Resonanz bei seinem Publikum, das nicht nur seine Fantasie und den Reichtum an Details schätzt, sondern auch die liebevolle, menschliche Ästhetik der Figuren und Welten, die Miyazaki erschafft. Er kreiert Animationsfilme, die das Publikum in Träume entführen. Für seine Fans sind sie pure Inspiration. Manche berichten sogar, dass sie ihnen Mut machen und sie in schwierigen Zeiten trösten. Viele wünschen sich nichts sehnlicher, als dass Hayao Miyazaki nie aufhört, neue Filme zu erschaffen. Und tatsächlich war er mehrfach erfolglos bei dem Versuch, sich zur Ruhe zu setzen.

Ende der 1990er-Jahre verkündete er in seiner unnachahmlichen humorvollen Art erstmals, sich aus der Filmproduktion zurückziehen zu wollen. Mit zunehmendem Alter merke er, wie seine Konzentrationsfähigkeit nachlasse. Solange er noch Auto fahren könne, würde er aber immer mal wieder im Studio Ghibli vorbeischauen. Und auch die Bento-Boxen seiner Frau, die er täglich mit zur Arbeit genommen hatte, würde er sich weiter schmecken lassen.

Es verging nur ein Jahr, und Miyazaki kam die Idee zu Chihiros Reise ins Zauberland. Sein Geist entwickelte in der Ruhe großartige Ideen. Und so entschloss er sich, den Ruhestand noch einmal zu verschieben, um diesen Film zu verwirklichen. Und es lohnte sich: Mit Chihiros Reise gewann sein Studio 2002 einen Oscar. Auf die Frage, weshalb er sich entschlossen habe, noch einmal zurückzukehren, antwortete er: »Weil ich es so wollte.«

Man könnte sagen: »Er kann es einfach nicht sein lassen.« Mit einer Ikigai-Brille könnten wir es aber auch so deuten: Miyazakis Ikigai bringt ihn immer wieder dazu, neue Welten zu kreieren und damit Menschen auf der ganzen Welt zu inspirieren. Sein Schaffen ist keine Arbeit. Ein Geist der Kreativität wirkt auch dann in ihm, wenn er sich zur Ruhe setzen möchte.

Es gibt wenige Aufnahmen von Hayao Miyazaki in seinem Studio, aufist,, warum diese Figuren in seinen Filmen zum Leben erwachen. Ihm ist weitaus wichtiger, dass seine Figuren einen »Geist« haben, als dass sie äußerlich durch Computertechnik nahezu »perfekt« aussehen. Er betont, dass er sich nicht als Regisseur sähe, sondern als Animationskünstler, der das Wasser gut zeichnet und dafür Sorge trägt, dass das Licht richtig scheint. Es ist nicht zu übersehen: Sein kreatives Schaffen ist sein Ikigai. Seine kreative Arbeit gibt ihm tiefe Lebenszufriedenheit.

In Hayao Miyazakis Leben entdecken wir eine große Geduld, Genauigkeit und Hingabe zu seiner Zeichenkunst. Er steht in Resonanz mit seinen Geschichten. Das beginnt schon morgens, wenn er seine Figuren in seinem Studio liebevoll begrüßt, mit ihnen imaginäre Unterhaltungen führt und sich dann in die Kunst und seine Geschichten fallen lässt. Tatsächlich wird ihm sogar von seinem eigenen Mitarbeitenden nachgesagt, dass er »ohne Plan« arbeitet. Er lässt sich einfach von seinen Figuren treiben. Hayao Miyazaki ist ein Beispiel dafür, was geschieht, wenn wir diesem Resonanz-Gefühl folgen – seine Kunst berührt Millionen von Menschen weltweit.

Wenn wir Hayao Miyazaki beobachten, wie er über sein Leben, über sein Schaffen und die von ihm geliebten Bento-Boxen spricht, können wir eine zweite Dimension bemerken: Die große Zufriedenheit über die vermeintlich kleinen und großen Dinge in seinem Leben.

ES IST NIE ZU SPÄT – TEKYMEKA MIKA

Tekymeka Mika war erst mit 65 Jahren zum ersten Mal in einem Fitnessstudio, mit siebzig lernte sie schwimmen und mit 79 nahm sie Unterricht bei einem Personal Trainer Mit 87 Jahren hatte sie ihr Debüt als Fitnesstrainerin und bot Kurse in Studios und Altenheimen an. Während der Pandemie musste sie ihre Kurse unterbrechen – doch das hielt sie nicht auf: Sie begann, ihre Kurse online anzubieten und wurde ein kleiner Star auf YouTube. Heute, im Alter von über neunzig Jahren, gibt sie immer noch Fitnesskurse – mittlerweile sogar im japanischen Fernsehen.

Die Quelle ihres Ikigai ist nicht der Sport, sondern die Wirkung, die der Sport auf ihren Geist und den der Teilnehmer*innen ihrer Kurse hat: Er erfreut sich durch die Bewegung – und das ist das Ziel von Tekymeka Mika.

Ihre Motivation kommt aus einem Ikigai-Gefühl, aus Ikigai-kan.

Der mentale Zustand, den der Sport bei ihr hervorruft, weckt Freude bei anderen, er ist ansteckend. Wir sehen an ihrer Lebensgeschichte, dass unser Ikigai über das Ikigai-Gefühl Resonanz erzeugen kann.

NICHTS ALS MUSIK – HANS ZIMMER

Fast jede*r von uns hat schon einmal die Musik von Hans Zimmer gehört. Seine Musik kommt in Hunderten von Filmen vor, in Fluch der Karibik, Gladiator, Batman, König der Löwen, Rainman, Interstellar oder Inception.

Zuletzt half er Billie Eilish bei der Produktion ihres James-Bond-Songs..

Er wuchs in Frankfurt auf und fand bereits in jungen Jahren zur Musik. Nach dem frühen Tod seines Vaters war sie für ihn ein Ort der Zuflucht und Freiheit zugleich. Sie ist seine Leidenschaft und unübersehbar sein Ikigai. Er beschreibt es selbst so: »Wenn etwas passieren würde, dass ich keine Musik mehr schreiben könnte, würde mich das umbringen. Es ist nicht nur ein Job. Es ist nicht nur ein Hobby. Es ist der Grund, warum ich morgens aufstehe.«

Und das, obwohl er sein Leben lang keine Noten lesen konnte. Gerade einmal eine Woche hielt er es als Kind im Klavierunterricht aus. Er besuchte sieben Schulen - keine passte.

»Ich hatte noch nie einen richtigen Job in meinem Leben«, soll er einmal gesagt haben. »Ich habe nichts gelernt, ich war schrecklich in der Schule. Es war einfach dieses Ding. Musik war alles, was ich machen wollte.«

Seine kindliche und experimentelle Kreativität hat er sich ein Leben lang erhalten. Sie zeichnet seine Musik aus. Er soll einen berühmten Cellisten fast wahnsinnig gemacht haben, weil er ihn den ganzen Tag einen einzigen Ton spielen ließ, der dann das Erkennungszeichen in der Musik für den Joker in Batman wurde. Um die epische Zeitreise in Inception zu vertonen, ließ er Bläser vor einem großen offenen Klavier spielen, dessen Pedal mit einem Backstein beschwert war, sodass die Hörner die Saiten anbliesen, wodurch ein gewaltiger Sound entstand.

Diese Experimentierfreude entstammt der Liebe zur Musik. Zugleich zeigt sie einen erfinderischen Geist. Hans Zimmer hat sich selbst einmal als Programmierer bezeichnet, der mit den ersten Synthesizern Monate verbrachte, um Sounds zu kreieren. Er erfand mangels vorhandener Lösungen eigene Computerprogramme, um die Vision seiner Musik zu verwirklichen.

In Hans Zimmers Lebensgeschichte lassen sich alle sieben Ikigai-Dimensionen wiederfinden.

Da wäre zum einen Lebenszufriedenheit: Die Musik als Ikigai-Quelle macht Hans Zimmer glücklich – ohne Ikigai empfindet er das Leben nicht als lebenswert.

Gleichzeitig ist er ständig im Wandel. Immer wieder probiert er Neues aus und lernt von anderen. Von ihm stammt der Spruch: »Die Regeln sind: Je spielerischer wir werden, desto mehr können wir die Regeln loswerden.« Er fordert sich und seine Musiker ständig heraus und versucht, das Unmögliche möglich zu machen. Hier erkennen wir die Dimension »Wachstum und Veränderung«.

Wie Hans Zimmer über die Zukunft denkt, können wir nicht sagen. Doch sein Stück »Colourful Future« vermittelt Anmut und Hoffnung. Möglicherweise ist dies genau seine Perspektive auf die gute Zukunft.

Genau wie Hayao Miyazaki berührt Hans Zimmer mit seiner Arbeit, mit seiner Musik, andere Menschen. Gleichzeitig ist er bei seinem Tun ganz mit der Musik im Einklang. Hier sehen wir die Dimension der Resonanz.

Die Freiheit kommt in seinem unkonventionellen Karriereweg zum Ausdruck. Er ließ sich nie einengen und hatte Probleme mit Autoritäten. Das war nicht immer einfach für ihn und seine Mutter, aber so hat er sich seine künstlerische Freiheit bis heute bewahrt.

Er stellte Musik immer an die erste Stelle. Dadurch wurde er der Komponist und Musiker, der er heute ist.

Und schließlich »Bedeutung und Wert«: Die Musik ist lebensbestimmend für Hans Zimmer. Sie ist so wertvoll für ihn, dass er ultimativen Wert in der Kunst findet.

VIELLAUFENDER WELTMEISTER IM NEBENBERUF – YUKI KAWAUCHI

Yuki »Citizen Runner« Kawauchi wurde von Guinness World Records als erster Mensch ausgezeichnet, der mehr als hundert Marathons unter 2:20 Stunden lief.

Kawauchi gehört seit Jahren zur Weltspitze der Langstreckenläufer. Die meisten Profi-Marathonläufer sind Vollzeitsportler, er aber ging während seiner größten Erfolge einem normalen Job nach und arbeitete vierzig Stunden in der Verwaltung einer Schule. Seinen Arbeitsweg bestritt er natürlich im Laufen: Das Pendeln zur Arbeit nutzte Kawauchi als Training. Er war unbestritten der erfolgreichste »nebenberufliche Profi« im Marathon.

Als Angestellter der Regierung durfte er seine Preisgelder in Höhe von bis zu 150 000 Dollar behalten, aber keine Sponsorengelder von Unternehmen annehmen. Im Gegensatz zu seinen Konkurrenten hatte er keinen lukrativen Vertrag mit einem Schuhhersteller. Mittlerweile hat er verkündet, ins Profilager wechseln zu wollen, um auf globaler Ebene anzutreten.

Er trainiert mit seiner Mutter, die selbst Mittelstreckenläuferin war. Sein Training ist hart: Er rennt am Wochenende Ultramarathonstrecken, sein Krafttraining absolviert er mit einer selbst gebauten Stahlstange, deren Enden mit alten Laufschuhen beklebt wurden. Sein Sportgetränk mixt er selbst. Es ist kein Hightech-Getränk, sondern eine Mischung aus Wasser, Orangensaft, Zitronensaft, Salz und Honig.

Kawauchi hat eine große Fangemeinde, weil er bewiesen hat, dass ein Bürojob kein Hindernis ist, wenn man mit seiner Leidenschaft Großes erreichen möchte, dass es eine andere Art gibt, als Sportler zu leben.

Von Kawauchi können wir lernen, dass Ikigai nichts sein muss, das unser ganzes Leben einnimmt. Für ihn war der Ruhm nicht das ultimative Ziel. Das Laufen an sich ist seine Leidenschaft. Es ist seine Ikigai-Quelle, der er auch neben seinem Beruf nachgehen kann. Er inspiriert Tausende von Läufern in Japan und auf der ganzen Welt und legt viel Wert darauf, dabei kreativ zu bleiben. So hat er Rekorde als Läufer im Businessanzug und in Kostümen aufgestellt. Das macht ihn einzigartig.

Schauen wir auf sein Ikigai, entdecken wir, wie Kawauchi sich persönlich verwirklicht. Er erlebt Resonanz und findet Bedeutung und Wert im Laufen – auch wenn es nur am Rande des Alltages stattfindet.

IKIGAI IN HERAUSFORDERUNGEN – TRUDY BOYLE

Trudy Boyles Leben änderte sich schlagartig, als bei ihr Brustkrebs diagnostiziert wurde. Den Tag, an dem sie am Telefon von ihrer Krankheit erfuhr, wird sie nie vergessen: »Es tut mir leid, Trudy«, sagte ihr Arzt Dr. Cote, »aber du hast Brustkrebs. Ich muss es dir am Telefon sagen, denn es ist Freitag, und wir haben keine Zeit zu verlieren.«

Schon am nächsten Montag sollte Trudy zur Biopsie und wenige Tage später mit einem Chirurgen sprechen. Es folgten viele anstrengende Behandlungen und Tage voller Todesangst. Und dennoch verlor Trudy nicht ihre Lebensfreude, sondern schöpfte Kraft aus einem Zitat des Japaners Dr. Jinroh Itami: »Auch wenn ich krank bin, werde ich nicht wie ein kranker Mensch leben.«

Heute lebt Trudy mit dem Krebs. Sie hilft mittlerweile tagtäglich anderen kranken Menschen, sich von ihrer Krankheit nicht aufhalten zu lassen. Sie ermutigt sie, die unmittelbare Angst vor dem Tod mit der Ikigai-Perspektive zu überwinden. Anderen zu helfen, ist dabei ihre eigene Ikigai-Quelle. Ihr zwölfjähriger Enkel drückte es einmal so aus: »Grandma, ich weiß, warum du morgens aufstehst. Du hilfst anderen Menschen zu leben.«

Dass wir uns selbst besser fühlen, wenn wir etwas für andere tun, ist mittlerweile sogar wissenschaftlich bewiesen. Es gibt uns ein Gefühl der Selbstwirksamkeit, das zu psychischer Gesundheit führt. Dabei muss es nicht immer etwas Großes sein, es kann ein kleiner Gruß, ein kleines Dankeschön, eine Tasse Tee oder eine SMS für jemanden sein. Was auch immer es ist, es sind die kleinen Schritte, die zählen. Auch wenn sie für uns klein sind, können sie für andere groß sein.

Trudy lehrt uns, was es bedeutet, zu akzeptieren und daraus etwas Bedeutungsvolles zu kreieren. Für sie ist ein japanisches Verständnis sehr bedeutend: »Arugamama«. Dieses Wort steht für Akzeptanz und Anerkennung, dass die Dinge so sind, wie sie sind. Es ist ein philosophisches Prinzip, nicht gegen die Umstände anzukämpfen, sondern sie zu akzeptieren. Das findet sich in den Künsten wieder, zum Beispiel in der Kalligrafie, wo ein gemalter Strich nachträglich nicht korrigiert wird. »Arugamama« ist verbunden mit »ichi-go ichi-e« - eine Sache auf einmal. Beides zusammen ist sehr kraftvoll: Ich konzentriere mich ganz auf die eine Sache, auf den einzigartigen Moment - und akzeptiere die Dinge so, wie sie sind.

Eine weitere Kraftquelle für Trudy ist übrigens, stets ihren Humor zu bewahren und so das Wohlbefinden der Patienten im wahrsten Sinne des Wortes aufzuhellen. Was ich dabei für mich lerne: Wie viel mehr darf ich mich freuen und lachen, wenn es Menschen mit schweren Krankheiten gelingt!

In Trudy Boyles Leben können wir die Dimensionen »Freiheit«, »Selbstverwirklichung«, »Lebenszufriedenheit«, »Bedeutung und Wert« und im Besonderen »Wachstum und Veränderung« erkennen.

Sie zeigt uns eindrücklich, wie Ikigai Kraft für Veränderungen gibt – und zugleich, wie große Lebensveränderungen auch unser Ikigai beeinflussen.

Trudy hat die schwerwiegende Diagnose akzeptiert und damit den wesentlichen Schritt im Umgang mit einer großen Veränderung vollzogen. Dieser Schritt hat sie dazu befähigt, ihr Ikigai für andere einzusetzen. Sie hat in ihrer Erkrankung etwas Bedeutsames erkannt, das sie nutzt, um anderen eine »gute Zukunft« im Umgang mit ihren Erkrankungen zu ermöglichen. Dabei verwirklicht sie sich selbst, auch wenn die Erkrankung ihr Leben sehr eingeschränkt hat. Wer Trudy kennenlernt, spürt ihre Lebensfreude. In alldem hat sie sich ihre innere, wie äußere Freiheit bewahrt, in dem sie ihrer Lebensmaxime folgt: »Ich bin zwar krank, doch muss ich nicht wie eine Kranke leben.«

MIT DER KRAFT DER NATUR – MOTOKI TONN

Eine meiner persönlichen Ikigai-Quellen ist die Natur. Jeden Tag treibt es mich raus. Ich muss mich nicht zwingen, vor die Tür zu gehen – und auch bei schlechtem Wetter hilft mir mein Hund dabei. Die morgendlichen Gassi-Runden sind für mich auch eine Zeit der Reflexion. Und so gerne ich mich in inspirierenden Großstädten wie Lissabon oder Tokio aufhalte, ohne Natur, frische Luft und Bewegung gehe ich ein.

Die Sehnsucht danach hat mich an viele Orte der Welt geführt. Ein ganz besonderer Ort ist Portugal, wo ich vor über zwanzig Jahren begonnen habe, nach einsamen Stränden und einzigartigen Wellen zu suchen. Auch wenn viele der Buchten heute von Surftouristen überlaufen sind, haben sie für mich nichts von ihrem Zauber verloren. Zu gut kenne ich die Nebenwege und einsamen Plätzchen, an denen ich die Natur noch für mich allein genießen kann.

Eine der Ikigai-Dimensionen von Mieko Kamiya, die ich dort besonders verspüre, ist Resonanz. Ich fühle mich mit dem Rhythmus der Natur im Einklang, weil ich mich auf ihn einlassen muss. Je mehr Zeit ich mir nehme, desto mehr Details entdecke ich, höre Geräusche und Laute, die ich vorher nicht wahrgenommen habe. Dieses Wahrnehmen entschleunigt mich - und zugleich fördert die Entschleunigung meine Wahrnehmung, und ich fühle mich belebt.

Der deutsche Soziologe Hartmut Rosa sieht in Resonanz eine Möglichkeit, wie wir in einer immer schneller werdenden Welt die Beziehung zu uns selbst und zu unserer Umwelt aufrechterhalten können. Resonanz können wir auf viele Arten erfahren: in der Natur, beim Spielen mit Kindern oder im Austausch mit Freunden. Ikigai zeigt sich in den Schwingungen (dem Resonanzerleben), die wir in solchen Momenten von Einklang erfahren.

Es gibt ein interessantes Experiment, bei dem zwei Metronome mit unterschiedlichem Takt auf einem Brett stehen. Das Brett wiederum steht auf zwei leeren und flach liegenden Getränkedosen, die sich bewegen können. Obwohl die Metronome in unterschiedlicher Geschwindigkeit ticken, werden sie nach einiger Zeit den gleichen Takt annehmen und im Gleichklang schwingen - das ist Resonanz.

Der Grund dafür sind die leeren Dosen: Sie ermöglichen die Schwingung und bringen die Metronome zu einem gemeinsamen Rhythmus zusammen.

In diesem Video ist das zu sehen:
Das Gleiche gilt für unsere Beziehungen, je mehr wir uns auf unsere Mitmenschen einlassen, umso mehr nehmen wir sie wahr und können in Verbindung treten. Die Verbindung zu unseren Mitmenschen wiederum fördert unseren Sinn füreinander. Dazu müssen wir nicht im gleichen Takt schwingen, doch es fördert unser Ikigai und unsere Beziehungen, wenn wir uns auf tieferen Ebenen begegnen und wahrnehmen.

REFLEXION

Wie ist deine Geschichte? Finde einen Aspekt deines Lebens, der es für dich lebenswert macht. Schreibe deine Geschichte aus der Sicht einer dritten Person, als ob sie ein weiteres Kapitel in diesem Buch wäre. Nimm dir ein wenig Zeit und schreibe auf, was dir einfällt. Folgende Fragen können dir helfen: Wer bist du, was machst du, wie geht es dir, was fühlst du und wie erlebst du Ikigai? Schau dir deine Geschichte noch einmal an, nachdem du sie aufgeschrieben hast. Mach dir Notizen, umkreise die Dinge, die dir wichtig sind.

Werfe dann noch einmal einen Blick auf die sieben Dimensionen:

- Welche Ikigai-Dimensionen findest du in deiner Geschichte wieder?
- Welchen Dimensionen möchtest du mehr Raum geben?
- Für welche Resonanz in deinem Leben bist du heute dankbar?

IKIGAI-DIMENSIONEN ETABLIEREN

Die folgende Übung soll dir helfen, die Ikigai-Dimensionen in deinem Leben zu etablieren. Schau dir dafür die sieben Dimensionen von Ikigai noch einmal an und nimm dir eine Dimension heraus, die du gerne weiterentwickeln möchtest.

Beantworte dann auf der nächsten Seite **sechs Fragen**, die sich an den fünf Ikigai-Säulen von Ken Mogi orientieren: klein anfangen, loslassen lernen, Harmonie und Nachhaltigkeit leben, die Freude an kleinen Dingen entdecken, im Hier und Jetzt sein.

Sie helfen dir, die ausgewählte Ikigai-Dimension in deinem Leben greifbar werden zu lassen.

ÜBUNG: MEINE IKIGAI-DIMENSIONEN

1. Womit könnte ich klein anfangen?
   Welches kleine Vorhaben, persönliche Ziel oder welche kleine Veränderung könntest du verfolgen, um die Dimension in deinem Leben mehr zu etablieren? Es sind die kleinen Schritte, die am Ende große Veränderungen ermöglichen.

____

____

____

2. Was könnte ich loslassen?
   Was verhindert, dass die Dimension in meinem Leben Platz findet? Woran halte ich fest, was mir nicht guttut? Wo kann ich lernen, mich zurückzunehmen? Welche Beziehungen unterstützen meine Entwicklung, welche halten mich zurück?

3. Wie kann ich mehr Harmonie im Alltag entwickeln?
Harmonie bedeutet im Japanischen ein Gefühl des Friedens und gleichzeitig des Aufblühens. Was kannst du tun, um diesem Gefühl im Bezug auf die Dimension mehr Raum zu geben? Wie z. B. Frieden mit Veränderungen schließen? Wie im Gleichklang leben mit den Dingen und Menschen, die dich umgeben? Wie Balance finden zwischen Freiheit und Verbundenheit?

4. Wie könnte ich nachhaltiger leben?
Was brauche ich wirklich, um die Dimension zu etablieren – und worauf kann ich verzichten? Welche Annahmen liegen dem Wunsch nach »mehr« zugrunde?

5. Welchen kleinen Dingen, in denen sich die Dimension zeigt, kann ich mehr Wert schenken?

6. Wie kann ich Kraft und Inspiration aus dem gegenwärtigen Moment schöpfen?
   Unsere Lebenszufriedenheit hängt entscheidend mit der Fähigkeit zusammen, im Hier und Jetzt zu leben. Wie kann ich die Dimension im gegenwärtigen Moment erleben? Was muss ich tun, um sie erfahren zu können?

Du kannst dir auch ein interaktives PDF-Dokument herunterladen, wenn du die Fragen für mehr als nur eine Dimension beantworten möchtest. Zudem findest du noch ein Video zur Erläuterung der sieben Dimensionen und den sechs Fragen.

ZUSAMMENFASSUNG

1. Nach Mieko Kamiya gibt es sieben Ikigai-Dimensionen, die unser Ikigai fördern: Lebenszufriedenheit, Wachstum und Veränderung, eine gute Zukunft, Resonanz, Freiheit, Selbstverwirklichung und Bedeutung und Wert.
2. Nicht alle Dimensionen sind im Leben gleich ausgeprägt, du kannst aber an der Etablierung einzelner Dimensionen arbeiten.
3. Dabei können dir die Ikigai-Säulen von Ken Mogi helfen: Klein anfangen, loslassen lernen, Harmonie und Nachhaltigkeit leben, die Freude an kleinen Dingen entdecken, im Hier und Jetzt sein.

FINDE DEINE WERTE

Werte sind für viele abstrakt, dabei machen wir im Alltag ständig von ihnen Gebrauch: wenn wir abwägen (»das ist es mir wert«), bereuen (»das war es mir nicht wert«) oder bewerten (»das war ein wertvoller Augenblick/Hinweis/Austausch/Gedanke«). Sie sind Ausdruck unseres Charakters, unserer Tugenden und unserer Grundeinstellungen. Sie bestimmen unsere Entscheidungen und können uns Motivation für Veränderung geben. Wir können uns anderen durch gemeinsame Werte verbunden fühlen. Wenn sich Werte in unseren Handlungen und Entscheidungen zeigen, erleben wir das Leben als lebenswert. Deswegen verteidigen wir Werte, auch wenn sie in Gefahr geraten oder angegriffen werden. Das kann im persönlichen oder im politischen Bereich sein. Wir können über unsere Ansichten, Wertvorstellungen und Überzeugen vortrefflich streiten. Philosophische und psychologische Strömungen (z. B. die Logotherapie nach Viktor Frankl) sehen Werte als Grundlage für ein gelingendes Leben. Frankl unterscheidet drei Wertekategorien: **Erlebniswerte** (diese Werte erleben wir in Tätigkeiten, z. B. bei einem Spaziergang oder dem Bergsteigen), **schöpferische Werte** (diese erleben wir, wenn wir etwas erschaffen, kreativ und schöpferisch tätig sind) und **Einstellungswerte**. Letztere kann uns niemand nehmen. Auch in größter Bedrängnis verbleibt uns die Freiheit, uns zu entscheiden, wie wir uns zu den Lebensumständen verhalten. Als Holocaust-Überlebenden prägte diese Erkenntnis Viktor Frankls Arbeit.

Werte sind aber nicht offensichtlich. Wenn wir uns einen Eisberg vor Augen halten, liegen sie eher unter der Wasseroberfläche, im Unbewussten. Wir suchen sie uns nicht aus, sie werden durch unsere Erziehung, Kultur und persönlichen Erfahrungen geprägt. Die Übungen am Ende dieses Kapitels können dir helfen, sie dir bewusst zu machen. Das ist wichtig, wenn du der Frage nachgehst, wie dein Ikigai aussehen könnte.

Um das zu verdeutlichen ein Beispiel aus meinem Leben: Mir war lange nicht bewusst, was für einen wichtigen Stellenwert Gastfreundschaft für mich hat. Zum einen ist das Leben meiner Familie dank der Gastfreundschaft vieler besonderer Menschen vereinfacht worden, die meiner Mutter in jungen Jahren in allen Belangen in dem für sie fremden Deutschland halfen. Zum anderen ist Gastfreundschaft sicherlich Teil meiner japanischen DNA. Und schließlich sind es viele persönliche Erfahrungen in meinem Erwachsenenleben, die dazu geführt haben, dass Gastfreundschaft für mich einen so hohen Stellenwert behalten hat.

Als ich mich mit diesem Wert auseinandersetzte, stellte ich fest, was für eine große Rolle er in meinem Leben spielt.

Die Unternehmungen, die ich gegründet habe, waren stets von Gastfreundschaft geprägt: Coworking, Gemeinschaftsräume für Künstler und Bands, offene Bühnen für Musik und Kultur. In der Gastfreundschaft liegt für mich eine Ikigai-Quelle: Meine Leidenschaft ist es, offene Formate zu schaffen, Gastgeber für andere zu sein und im wahrsten Sinne des Wortes Türen zu öffnen. Ich kuratiere gerne Programme und liebe es, mit Gruppen zu arbeiten. Ich bin weniger ein Einzelcoach, aber es macht mir Spaß, Seminare und Lernreisen mit Gruppen zu gestalten. In diesen Momenten erlebe ich Ikigai: Die Quelle ist die Gemeinschaft, die Gespräche und die Themen, die wir in der Gruppe teilen. Mein Ikigai-kan lebt vom Miteinander und dem Gefühl der Gemeinsamkeit. Allein darüber zu schreiben, darüber nachzudenken und vielleicht bald schon die nächste Gelegenheit zu planen, setzt in mir Freude frei. Ich blühe in der Gemeinschaft auf - und suche dann zum Ausgleich die Stille in der Natur.

Werte können auch zu Konflikten führen. Ich könnte zum Beispiel niemanden an der Tür abweisen. Ein »Nein« wäre für mich eine große Überwindung. Wenn ich schlecht »Nein« sagen kann, ist das Haus schnell voll mit Gästen und das rund um die Uhr. Das passt nicht immer zur Lebenssituation meiner Familie. Und die Wertschätzung meiner Mitmenschen ist mir ein genauso wichtiger

Wert. So kann es zu Wertkonflikten kommen. Im Laufe meines Lebens habe ich gelernt, meine Werte auszubalancieren, zu schätzen und zu schützen. Wenn zum Beispiel Gastfreundschaft im politischen oder persönlichen Kontext hinterfragt wird, muss ich meine Emotionen bändigen. Werte kommen nämlich vor allem dann zum Vorschein, wenn wir erleben, dass sie angegriffen werden. Sie zeigen sich nicht nur in Freude und Harmonie, sondern auch wenn für uns etwas Wertvolles auf dem Spiel steht.

Durch meine Arbeit und Recherche zu Ikigai wurde mir immer klarer, dass ich immer wieder zu meinen Wurzeln zurückkehre. Und das im wahrsten Sinne des Wortes: Mein Name Motoki bedeutet Baum oder Wurzel.

Ich beschreibe Werte gerne als einen Anker. Ein Schiff »ankert« und verbindet sich so mit dem Boden. So kann es seine Position halten und verliert nicht die Orientierung. Auch die Wurzeln eines Baumes, die sogar durch Steine wachsen können, verankern ihn im Boden. Je tiefer sie wachsen, desto besser hält er Stürmen stand. In der gleichen Art kann uns unser Werte-Anker Halt geben, wenn unser Leben erschüttert wird, zum Beispiel durch Veränderungen.

Werte erden uns und helfen uns, uns auszurichten. Sie können sich im Laufe eines Lebens verändern, wie auch die Wurzeln eines Baumes weiterwachsen. Diese Veränderungen brauchen Zeit und finden nicht von heute auf morgen statt; umso mehr können wir uns in herausfordernden Zeiten auf unsere Werte verlassen. Wenn Ikigai davon handelt, was das Leben lebenswert macht, sind Werte eine entscheidende Grundlage. Gleichzeitig können Werte auch etwas sein, das wir für die Zukunft anstreben. Grundsätze, die sich noch nicht vollständig in unserem Leben zeigen, die wir aber zukünftig auf unserer Ikigai-Reise mehr und mehr entwickeln wollen.

Diese Haltung der gegenwärtigen Zukunft ist zentraler Bestandteil von Ikigai: Wir sind im Hier und Jetzt präsent, und gleichzeitig bricht in jedem Moment ein Stück Zukunft in unser Leben ein. Wir bewegen uns gewissermaßen auf die Zukunft zu. Diese Perspektive ist zentral: Einerseits eine versöhnte Vergangenheit - das Leben im Hier und Jetzt - und andererseits der konstruktive Blick in die Zukunft.

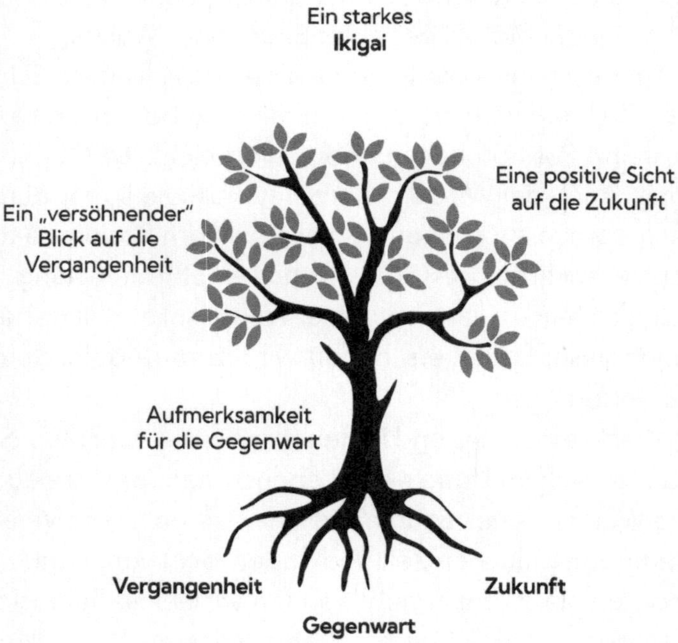

EXKURS: WERTE IN DER JAPANISCHEN GESELLSCHAFT

Traditionell werden in Japan persönliche Interessen hinter die des Kollektivs gestellt. Es existiert eine Vorstellung von kollektiven (gesellschaftlichen) Werten: an andere denken (siehe das Aufräumen in Fußballstadien), sein Bestes geben (»ganbatte«, eine typische japanische Aufforderung, die du als japanisches Kind sehr häufig hörst), nicht aufgeben, die Älteren respektieren, seine Rolle kennen und in einer Gruppe arbeiten. Auch wenn die jüngere Generation mehr und mehr das Individuelle in den Vordergrund stellt, werden diese Tugenden heute noch vom Kindergarten bis in die Arbeitswelt hinein gelehrt.

Mieko Kamiyas Arbeit war daher aus mehreren Gründen revolutionär: Zum einen widersetze sie sich dem klassischen japanischen Frauenbild der Mitte des letzten Jahrhunderts.

Zum anderen war die Suche nach dem Sinn des Lebens und nach dem, was das Leben lebenswert macht, für sie etwas ganz Individuelles. Das war eine starke Abkehr vom kollektiven, gesellschaftlichen Denken der japanischen Gesellschaft der Sechzigerjahre.

ZUSAMMENFASSUNG

1. Es ist gut, sich der eigenen Werte bewusst zu werden.
2. Werte werden im Alltag durch unsere Handlungen und Entscheidungen sichtbar.
3. Wenn unsere Werte und unsere Handlungen in Übereinstimmung sind, blühen wir auf.
4. Jede Person lebt Werte unterschiedlich. Dies kann zu Übereinstimmung und zu Konflikten führen.
5. Wenn wir Werte mit anderen im Einklang leben, führt dies zu Harmonie - ein zentraler Ikigai-Wert.
6. Wir können Werte auch anstreben und so die Dimension der »guten Zukunft« integrieren.

REFLEXION

Welche Werte haben sich in den letzten Tagen gezeigt? Wo hast du Erlebniswerte, schöpferische Werte und Einstellungswerte erlebt?
Fang mit den Erlebniswerten an, die fallen dir wahrscheinlich am schnellsten ein.

Sei kreativ bei den schöpferischen Werten: Vielleicht hast du etwas geschrieben oder dir etwas ausgedacht?

Einstellungswerte: Wo hast du Entscheidungen getroffen? Welche Werte spielten dabei eine Rolle?

ÜBUNG: WERTE

Für diese Übung brauchst du etwa zwanzig Minuten Zeit. Die Übung besteht aus zwei Teilen.
Du kannst diese Übung auch als Audiodatei anhören:

Teil 1
Wir starten mit der Suche nach einigen Vorbildern: Nimm dir zwei bis drei Minuten Zeit und überlege, welche Menschen dich in deinem Leben inspiriert haben. Das können Menschen sein, die du kennst, die dir sehr nahestehen oder welche, die du nie getroffen hast (lebende oder verstorbene Persönlichkeiten). Wähle bis zu fünf Personen aus, die dir einfallen, und schreibe sie auf.
Nimm dir nun drei bis vier Minuten Zeit, um zu überlegen, welche Werte diese Personen für dich repräsentieren. Du kannst die Begriffe frei wählen, es gibt kein Richtig oder Falsch. Versuche, zu jeder Person mindestens zwei Werte zu finden.

Beispiel: *Bei mir wäre es meine eigene Mutter – sie steht für mich für Güte und Herzlichkeit. Eine weitere Person wäre Mutter Teresa, sie steht für mich für Gastfreundschaft und Barmherzigkeit.*

Schau abschließend, ob du Zusammenhänge siehst. Du kannst sie verbinden oder kräftig umkreisen. Welche Werte erscheinen dir besonders wichtig? Vielleicht liegen mehrere Werte auch nahe beieinander? *In meinem Beispiel wären das Güte und Barmherzigkeit.* Lass dir Zeit und betrachte dein Blatt.
Schreibe zum Abschluss vier bis fünf der wichtigsten Werte auf. Sind es Werte, für die du auch selbst gerne stehen würdest oder schon stehst? Die Dinge, die wir bei anderen Menschen schätzen, sind oft die, die uns am wichtigsten sind. Wenn du magst, kannst du deine Ergebnisse mit einem guten Freund oder einer guten Freundin teilen. Du kannst sie anrufen oder eine Nachricht schreiben. Sei mutig und frage einfach mal: »Denkst du, dass diese Werte zu mir passen?« Der Austausch mit anderen ist eine große Hilfe auf unserer Ikigai-Reise.

Teil 2
Nun gehe jede der Fragen auf S. 83 ff. nacheinander durch und nimm dir jeweils zwei bis drei Minuten Zeit.

Erinnere dich bei alldem an die Ikigai-Säule »klein anfangen«. Jeder Schritt hat seine Zeit – und auch kleine Schritte können zu großen Veränderungen führen.

Person	Werte

Meine wichtigsten Werte

Fragen

- Welche der Werte sind in deinem Leben bereits vorhanden?

- Welche der Werte sollten in Zukunft eine größere Rolle spielen?

- Was kannst du dafür tun, dass diese Werte mehr Raum bekommen?

- In welchen Lebensbereichen spürst du, dass die Werte nicht zum Ausdruck kommen können? Wo erlebst du Widersprüche zwischen dem, was geschieht, und dem, was du dir wünschst?

- Welche Werte sind in dir lebendig, aber sie finden noch nicht viel Resonanz in deiner Umwelt?

- Was könntest du tun, um diese Werte mehr in das Leben anderer zu bringen?

IM FLUSS: IKIGAI IM ALLTAG

IKI kann in der japanischen Sprache Geburt, Leben oder auch Alltag bedeuten. Ikigai ist also nicht nur, was *das Leben* lebenswert macht, sondern auch, was *den Alltag* lebenswert macht. Ikigai ist daher keine Philosophie, die abstrakt bleibt, nein, Ikigai kann und darf sich ganz konkret in deinem Alltag zeigen. Wenn wir Ikigai ernst nehmen, können wir sogar unseren Tagesablauf danach ausrichten und uns der Werte in unserem Alltag bewusster werden. So wird das vermeintlich Selbstverständliche und Alltägliche zu etwas Wertvollem.

IKIGAI-TAGESROUTINEN

Ein guter Rhythmus ist wichtig für unser Leben und unsere Gesundheit. Jeder, der schon einmal an einen Ort mit anderer Zeitzone gereist ist, wird das bestätigen. Die inneren Uhren kommen aus dem Takt. Wir nennen es Jetlag, unser Körper muss sich auf die neue Zeit einstellen. Das Gleiche erleben viele Menschen bei der Umstellung auf die Sommerzeit, sie geraten aus dem Rhythmus und brauchen ein paar Tage, um sich wieder einzufinden.

Unsere innere Uhr ist unser Taktgeber. Genauer gesagt haben wir viele Tausende innere Uhren. Die Forschung spricht vom zirkadianen Rhythmus. Jede Zelle verfügt über eine Uhr, die zahlreiche Prozesse wie Schlaf und Wachheit, Blutdruck und Körpertemperatur steuern.

Es gibt mehrere Auslöser, die unseren Tagesrhythmus in Gang setzen, unsere Hormone spielen dabei eine zentrale Rolle. Melatonin ist als Schlafhormon bekannt und macht uns müde, während Cortisol als Stresshormon uns wach macht und unseren Stoffwechsel anregt.

Heute wissen wir, dass es einige Dinge gibt, die unseren Rhythmus beeinflussen: Frühes UV-Licht fördert die Aktivierung unseres Adrenalin- und Cortisol-Hormonsystems und macht uns wach – gedämpftes Abendlicht dagegen macht uns müde und veranlasst die Ausschüttung von Melatonin.

Es kann einen enormen Unterschied für dein Wohlbefinden machen, wenn du dich statt von einem schrillen Handyton von einem Tageslichtwecker aufwecken lässt und abends etwa ein bis zwei Stunden vor dem Schlafen auf keinen Bildschirm mehr starrst. Schon solch kleine Maßnahmen können unsere innere Uhr beziehungsweise unsere inneren Uhren unterstützen. Siehe hierzu den QR-Code Ikigai-Tagesroutine.

Weitere Möglichkeiten, dein Ikigai durch bestimmte Tagesroutinen zu fördern, möchte ich dir im Folgenden aufzeigen.

MORGENS

Licht und Bewegung: Japan ist nicht nur für seine Leistungsbereitschaft bekannt, sondern auch als Land der aufgehenden Sonne. Diese Metapher erinnert uns daran, was unserem Rhythmus guttut. Versuche morgens, so viel UV-Licht zu bekommen wie möglich, das setzt unseren zirkadianen Rhythmus in Gang: Je früher wir uns Licht mit hohem Blaulichtanteil aussetzen, desto früher startet unser Tagesrhythmus. Wenn er hingegen zu spät in Gang kommt, werden wir auch entsprechend später müde und schlafen schlechter. Du kannst dich wie schon gesagt von einem Tageslichtwecker aufwecken lassen. Oder lass im Sommer die Rollläden offen und dich morgens von der Sonne wecken. Trink deinen Kaffee auf der Terrasse oder dem Balkon oder mach einen morgendlichen Spaziergang, auch wenn es bewölkt ist. Das ist doppelt gut, denn die Bewegung aktiviert zugleich dein parasympathisches Nervensystem. Du kannst auch, statt mit dem Auto oder

dem Bus zur Arbeit zu fahren, das Fahrrad nehmen oder zu Fuß gehen. So wirst du höchstwahrscheinlich wesentlich aufgeweckter ankommen.

Intention: Setze dir zudem jeden Morgen Ziele für den Tag. Diese Reflexion hilft dir, Wichtiges zu priorisieren und daran deine Motivation zu knüpfen. Ziele zu formulieren ist der erste Schritt zu ihrer Umsetzung. Ihre Visualisierung aktiviert dein Cortisol und Adrenalin.

Meditiere: Eine Morgenmeditation kann dir helfen, offen für Ikigai-Momente zu sein, die der Tag dir bringen wird. Über den folgenden QR-Code kannst du eine kleine, XX-minütige, geführte Meditation abrufen, die du jeden Morgen machen kannst.

TAGSÜBER

Pausen: Wenn du arbeitest, versuche, alle neunzig Minuten eine Pause zu machen. Wenn du am Computer arbeitest, ist die 20–20–20-Regel empfehlenswert: alle zwanzig Minuten zwanzig Sekunden lang zwanzig Meter weit schauen – zum Beispiel aus dem Fenster.

Alle zwei bis drei Stunden solltest du eine Pause an der frischen Luft einlegen und über die Ikigai-Momente nachdenken, die du erlebt hast. Mach das ohne große

Anstrengung, allein die Frage im Kopf zu bewegen, ist schon ein wichtiger Schritt. Wenn du die Zeit findest, kannst du dir über diesen QR-Code die Meditation Ikigai-Momente anhören:

ABENDS

Den Tag mit einer Reflexion zu beschließen, kann uns zeigen, was unser Leben lebenswert macht. Frag dich: Wofür bin ich heute dankbar? In welchen Momenten habe ich mich gut, zufrieden und im Einklang gefühlt? Wenn wir den Tag Revue passieren lassen, können wir feststellen, welche vermeintlich kleinen oder auch großen Ikigai-Momente wir erlebt haben. Es mag widersprüchlich klingen, aber gerade wenn der Tag nicht zu den schönsten unseres Lebens gehörte, ist diese Übung empfehlenswert. Sie lädt uns ein, auch für vermeintlich Selbstverständliches dankbar zu sein. Dazu ist manchmal ein Perspektivwechsel nötig.

Lass mich dir ein Beispiel geben: Als ich nach einem Unfall im Krankenhaus auf der Intensivstation lag, konnte ich weder meine Arme noch meine Beine bewegen. Am zweiten Tag kam eine Physiotherapeutin zu mir und stellte sich vor. Sie wollte mit mir einige Übungen machen. Innerlich dachte ich zynisch: »Das ist doch ein Witz!«

Dann nahm sie einen Eiswürfel und legte ihn auf meine Brust, um meine Atmung zu aktivieren. Angesichts der körperlichen Verletzungen war der Eiswürfel tatsächlich die Spitze eines Eisberges – trotzdem bewirkte er etwas in mir. Plötzlich konnte ich eine Dankbarkeit für die Fürsorge und die Versorgung entwickeln. Ich war dankbar für die Behandlung, für die Ärzte und das Pflegepersonal und das Glück, dass ich medizinisch gut versorgt wurde. Am Ende des Tages lag ich immer noch auf der Intensivstation – aber ein kleiner Perspektivwechsel führte zu Dankbarkeit in mir.

Wenn wir Dankbarkeit kultivieren, hat dies nachhaltige Effekte auf unsere mentale Gesundheit. Durch regelmäßiges bewusstes Vor-Augen-Führen, wofür wir dankbar sein können, entstehen nachhaltige Veränderungen in unserer Gehirnstruktur (»Neuroplastizität«), wie Forscher*innen durch Gehirnscans feststellen konnten. Zudem lernen wir dadurch, diese Dankbarkeit auch auszudrücken. Wir bereiten uns mental gewissermaßen dadurch vor, unser Gehirn lernt, wofür wir dankbar sein können, und kultiviert dieses Gefühl.

Wenn dir die Reflexion zunächst schwerfällt, kannst du unter dem folgenden QR-Code eine geführte Abendmeditation finden, die dir dabei hilft.

ZUSAMMENFASSUNG

1. Ein guter Tagesrhythmus ist eine wichtige Unterstützung, um Bedingungen zu schaffen, in denen wir Ikigai fühlen können.
2. Ein guter Rhythmus schafft Struktur und erlaubt uns umso mehr, flexibel und kreativ auf Veränderungen zu reagieren.
3. Eine bewusste und regelmäßige Reflexion, was unser Leben lebenswert macht, hilft, wertvolle Momente wahrzunehmen und zu vergegenwärtigen.
4. Dankbarkeitsübungen können uns einen Perspektivwechsel ermöglichen, gerade wenn wir das Gefühl hatten, der Tag war allenfalls »durchschnittlich«.

DER RICHTIGE UMGANG MIT STRESS

Die japanische Kultur trennt Körper und Geist nicht. Die Gesundheit von Geist, Seele und Körper sind gleichermaßen wichtig. Unser vegetatives Nervensystem hat hier eine zentrale Bedeutung. Unser Körper ist stets darauf bedacht, Stressaktivierung und Beruhigung in Einklang zu bringen. Ist eine Seite zu stark betont, sei es zu viel (»Burn-out«) oder zu wenig Stress (»Bore-out«), können wir daran erkranken.

Zum Thema Stress gibt es fast genauso viele Missverständnisse wie zum Ikigai. Es gibt Studien, die behaupten, schon allein die Verwendung des Wortes »Stress« selbst erzeuge Stress. Tatsächlich verwenden wir »Stress« häufig in einer negativen Bedeutung. Dabei ist Stress nicht nur etwas Schlechtes. Lass uns kurz in die Geschichte der »Stressforschung« einsteigen und dann schauen, wie uns unser Ikigai beim Umgang mit unserem Stresshaushalt helfen kann.

Vor mehr als hundert Jahren entdeckte Walter McCannon, dass bei großer Gefahr ein sehr alter Teil unseres Gehirns aktiviert wird (auch »Reptiliengehirn« genannt), der eine emotionale Stressreaktion hervorruft, die grundlegende Verhaltensweisen bewirkt: Wir kämpfen, wir flüchten, oder wir erstarren. Das waren die sinnvollsten Reaktionen für unsere Vorfahren im Angesicht von Säbelzahntigern, Waldbränden oder anderen Gefahren der Wildnis. Heutzutage können die Auslöser ganz alltäglich sein: ein nerviger Kollege bei der Arbeit, ein Streit mit dem Lebenspartner, ein nörgelndes Kind oder ein plötzliches Bremsen im Straßenverkehr. Wenn mir jemand die Vorfahrt nimmt, schalte ich sofort in den Kampfmodus und verwandle mich in ein brüllendes Etwas.

Die Forscher nennen das »Amygdala-Hijack«. Wird unsere Amygdala aktiviert, kann sie alle anderen Hirnregionen überschreiben, bevor diese mit rationalen Gedanken eine Reaktion vermeiden können. Das hilft uns, wenn wir schnell reagieren müssen, zum Beispiel um einer Gefahr im Straßenverkehr auszuweichen: Wenn wir dann erst überlegen, was eine angemessene Reaktion wäre, ist es wahrscheinlich schon zu spät.

Die Amygdala kann aber auch unerwünschte Reaktionen hervorrufen. Vielleicht kennst du das, wenn du dir wünschst, du hättest tief durchgeatmet, statt sofort zu reagieren? Auch wenn solche Situationen unangenehm sind, können sie uns etwas über unsere Werte verraten. Ich reagiere nur deswegen so empfindlich auf die genommene Vorfahrt, weil mir dir Werte Respekt und Gleichberechtigung so wichtig sind. Hinzu kommt unsere Tagesverfassung: An Tagen, an denen wir nicht viel Ruhe hatten oder eine schlechte Nacht, sind unsere Reserven für überlegte Reaktionen geringer als an Tagen, an denen wir ausgeschlafen und ausgeglichen sind.

Das Problem ist, dass wir diese Ausgeglichenheit im Alltag nicht mehr leicht finden. Zu kaum einer Zeit waren wir so vielen (medialen) Reizen ausgesetzt wie heute. Im technikaffinen Japan ist das sogar noch extremer: Als bei uns die ersten Handys aufkamen, konnte ich in Japan schon Menschen beobachten, die zwei Handys hatten – und beide gleichzeitig benutzten. Und als die Handys sich bei uns allmählich etablierten, gab es in Japan bereits eine erste Version des mobilen Internets. Auch heute noch fahren viele Japaner*innen im Alltag mit der Bahn, telefonieren mit dem einen Handy und lesen auf dem anderen E-Mails, Bücher oder schauen Videos.

Beim Zugfahren kann man noch eine weitere für uns sonderbare japanische Verhaltensweise beobachten: Japaner*innen nutzen die Zeit von der Arbeit nach Hause, um ein kurzes Nickerchen zu machen. Erstaunlicherweise können sie das sowohl im Sitzen als auch im Stehen. Dabei verpassen sie so gut wie nie ihre Haltestelle, sondern wachen pünktlich auf. In Japan nennt man das »inemuri«, was so viel wie »schlafen, während man wach ist« bedeutet. Dieses Phänomen zeigt sich auch im Arbeitsalltag. Es ist selbst im Geschäftsleben nicht verpönt, auf der Arbeit ein kurzes Nickerchen machen, das kann sogar in langen Geschäftssitzungen passieren. Es ist eher ein Zeichen dafür, dass jemand sehr viel arbeitet.

Und tatsächlich wird in Japan viel gearbeitet. In kaum einem Land wird so wenig geschlafen wie in Japan. Kaum ein anderes Land kennt den Begriff »Tod durch Arbeit« und die Notwendigkeit von gesetzlich verordnetem Zwangsurlaub. Seit 2019 ist gesetzlich festgelegt, dass Japaner*innen mindestens fünf Tage bezahlten Urlaub im Jahr nehmen müssen. Kein Wunder, dass das Stresslevel der Japaner*innen sich meist auf einem Allzeithoch befindet. Aber nicht nur in Japan ist das Stresslevel enorm hoch. Auch bei uns steigen seit Jahren die Stressphänomene.

Was aber hat das jetzt mit Ikigai zu tun? Mit Ikigai-Übungen und Ikigai-Meditationen können wir unser Stresslevel über den Tag ausgleichen und so den Stresspegel normalisieren. Wir können uns vor Augen halten, was wirklich von Bedeutung ist - und danach handeln. Die Forschung konnte zeigen, dass Achtsamkeitspraxis unsere Entscheidungsfähigkeiten erhöht. Wir können bedachter zwischen Stimulanz und Reaktion reflektieren und Entscheidungen treffen, die zu unseren Werten - und zu unserem Ikigai - passen.

Hans Selye gilt als »Vater der Stressforschung«. Mitte des letzten Jahrhunderts legte er die wichtigsten Grundlagen und schrieb über 1700 Artikel und 39 Bücher. Er entdeckte, dass wir immer Stress haben, sogar beim Schlafen. Stress sei das Salz des Lebens, nur die Toten hätten keinen Stress, so Hans Selye. Für ihn ging es nicht darum, ob und wie viel Stress wir ausgesetzt sind, sondern vielmehr darum, wie wir auf den Stress reagieren.

Hier setzt auch die heutige Stressforschung an. Gesundheitspsychologin Kelly McGonigal von der Stanford University weist zum Beispiel darauf hin, dass es wichtiger sei, Sinn und Bedeutung im Leben zu finden, als Stressfaktoren zu vermeiden. Hier kann uns ein gut entwickeltes Ikigai helfen. Gut entwickelt meint, dass wir uns selbst unserer Ikigai-Quellen bewusst sind und sie regelmäßig pflegen. Die Übungen in diesem Buch helfen dir dabei. Als Nächstes schauen wir, wie wir Stress mit unserem Ikigai begegnen können.

ÜBUNG: MIT IKIGAI DEM STRESS BEGEGNEN

Du brauchst für diese Übung etwa zwanzig Minuten. Schreibe in den inneren Kreis auf der nächsten Seite alle Ikigai-Quellen, die dein Leben lebenswert machen. Du kannst auch aufschreiben, was du dir jetzt und in naher Zukunft wünschst. Ich würde zum Beispiel in die Mitte schreiben, dass ich dieses Buch schreibe, aber auch, dass ich mit meinem Hund spazieren gehe.

In den äußeren Kreis schreibst du nun die Stressfaktoren, die du erlebst. Für mich können das Reisen zu Kunden sein, die Vorbereitung von Trainings oder auch das Schreiben dieses Buches - denn auch das ist Arbeit.

Schreibe auch Dinge auf, die nichts mit deinen Ikigai-Quellen zu tun haben, z. B. Themen aus deinem Beruf, deiner Ausbildung, aus deinem Familien- oder Freundeskreis - schau, was dir einfällt.

Suche auch nach äußeren Stressfaktoren, die auf dein Leben einwirken, wie z. B. eine Baustelle vor deinem Haus, zu laute Nachbarn, morgendliches Pendeln, und schreibe sie ganz an den Rand des äußeren Kreises. Wenn du das Gefühl hast, genug aufgeschrieben zu haben, über-

lege, ob du einigen Stressoren Ikigai-Quellen zuordnen kannst, und verbinde sie mit einer Linie. Benutze dazu ruhig eine andere Stiftfarbe.
Wenn eine Ikigai-Quelle die Vorstellung ist, einmal einen bestimmten Beruf auszuüben, kannst du damit den Stress verbinden, den du vielleicht gerade in der Ausbildung oder im Studium erlebst. Nimm dir für diesen Schritt genügend Zeit und finde alle Verbindungen, die dir möglich sind.
Diese Übung ist bereits sehr wertvoll: Du siehst über dein Ikigai, welche Stressfaktoren einen Sinn haben – du hast ein »Warum« für deinen Alltagsstress und ihn mit einer größeren Frage verbunden. So kannst du im Alltag mit mehr Freude mit ihm umgehen. Auch wenn die Stressoren bleiben, hat sich deine Einstellung zu ihnen verändert. Genau das sagt die moderne Stressforschung: Es ist nicht der Stress, sondern unsere Einstellung, die uns um unsere Gesundheit bringt.

Nun widmest du dich dem Kreis auf der zweiten Seite. Such dafür alle Stressfaktoren, die du im ersten Kreis nicht mit deinem Ikigai verbinden konntest. Trage solche, die in deinem Einflussbereich liegen, in den inneren Kreis ein. Das sind Dinge, über die wir entscheiden können – auch die, denen wir uns verpflichtet fühlen. Also zum Beispiel unsere Arbeit oder die Kinder zur Schule zu bringen. Auch sie gehören für diese Übung zu dem Kreis, der unseren Einflussbereich widerspiegelt. Warum? Weil wir die Umstände und die Art und Weise, wie wir diese Dinge tun, durch unsere Entscheidungen beeinflussen können. In den äußeren Kreis schreibst du alle Faktoren, auf die du wirklich keinen Einfluss hast. In meinem Fall wäre das z. B. die Politik, es könnte aber auch das Wetter sein und viele andere Dinge, die wir nicht kontrollieren können.

Lass dir fünf bis zehn Minuten Zeit für diesen Schritt. Wenn du nicht genau weißt, in welchen Kreis ein Stressfaktor gehört, folge deiner Intuition. Je näher die Faktoren an der Mitte sind, desto mehr Einfluss hast du auf sie. Je weiter außen, desto weniger Einfluss hast du.
Diese Übung hat durch das Sortieren ihren Wert. Du wirst dir klarer darüber, auf welche Dinge du Einfluss hast und kannst in Erwägung ziehen, die Art und Weise, wie du sie angehst, zu verändern. Es klingt profan, aber ich kann beispielsweise die Uhrzeit ändern, zu der ich zur Arbeit gehe. Ich kann Anfragen ablehnen. »Nein« ist sicherlich eines der Schlüsselwörter in Bereichen, die innerhalb unserer Einflusssphäre liegen.
Was aber machen wir mit den Dingen, die deutlich außerhalb unserer Einflusssphäre liegen? Auch hier kann es uns helfen, unsere Einstellung zu verändern. Dies können wir an der Lebensgeschichte von Viktor Frankl oder der Arbeit von Mieko Kamiya sehen. So schlimm die Umstände auch sein mögen, uns kann nicht die Freiheit genommen werden, wie wir uns zu den Dingen verhalten. Dies betrifft genau den Bereich unserer Einstellungswerte, die wir uns im Kapitel »Finde deine Werte« angeschaut haben.
Wenn wir die Situation nicht (mehr) ändern können, ist es umso wichtiger, unsere Haltung zu ihr anzupassen. Ein wesentlicher Schritt ist das Akzeptieren. Sich darauf einzulassen ist nicht leicht und erfordert Mut. Es bedeutet mitunter eine Situation zu akzeptieren, wie sie ist, auch

wenn wir sie nicht gutheißen, anderen das Beste zu wünschen, auch wenn sie uns verletzt haben, Menschen loszulassen, auch wenn wir ihnen das nicht mehr sagen können, oder auch, uns selbst zu vergeben.
Dadurch können wir wachsen und inneren Frieden und Harmonie (»Wa« 和) im Sinne von Ikigai finden. Wir nehmen dem Unveränderbaren die Kraft, uns immer wieder zu stressen. Dies bedeutet nicht, dass wir ihm gegenüber gleichgültig werden. Wir können aus dieser Haltung sogar neue Kraft gewinnen und uns dazu entscheiden, einen Beitrag zu leisten. Auch wenn wir nicht wissen, ob er unmittelbar etwas verändert, haben wir die Freiheit, diesen Schritt zu tun. Am Beispiel der aktuellen Weltsituation kann dies eine Spende, ein Gebet oder etwas anderes sein – etwas vermeintlich Kleines.

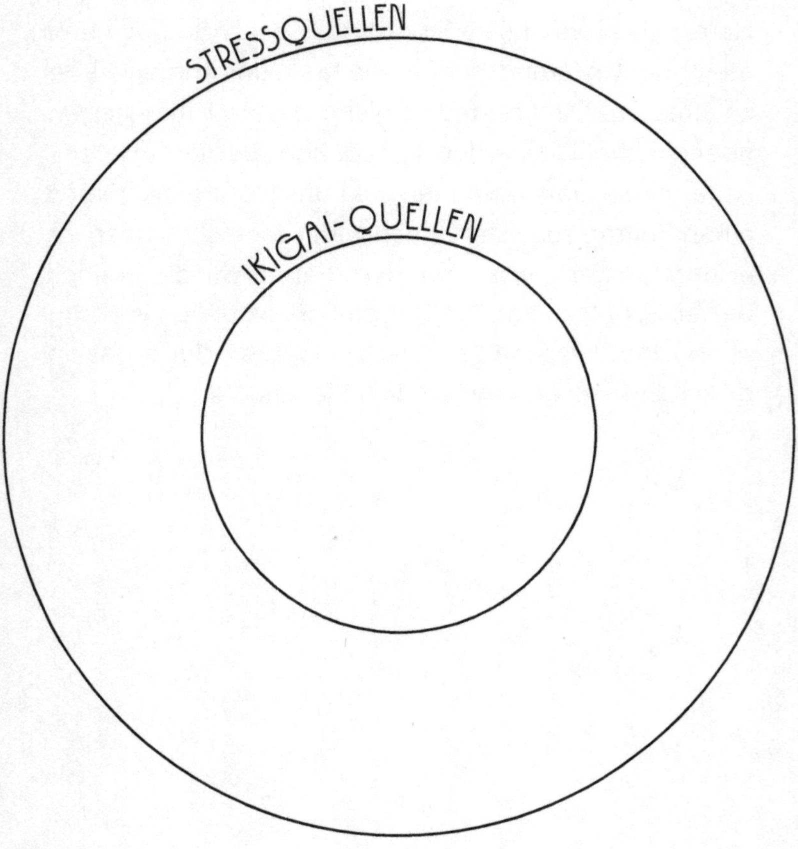
STRESSQUELLEN
IKIGAI-QUELLEN

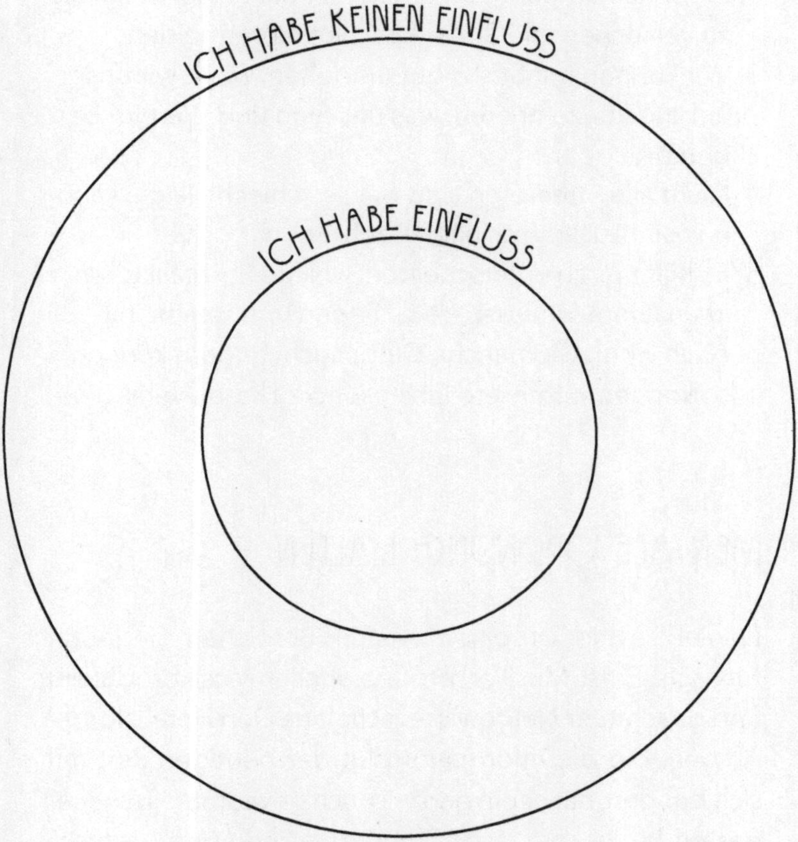
ICH HABE KEINEN EINFLUSS
ICH HABE EINFLUSS

ZUSAMMENFASSUNG

1. Stress wird es im Leben immer geben.
2. Ein guter Umgang mit Stress hilft daher viel mehr, als zu versuchen, die Stressursachen zu vermeiden.
3. Wir können mit Stress gut umgehen, wenn wir uns auf das konzentrieren, was uns Sinn und Wert im Leben gibt.
4. Nicht alle Stressoren sind per se schlecht. Ikigai kann uns Sinnzusammenhänge aufzeigen.
5. Es hilft uns zu unterscheiden, welche Stressfaktoren in unserem Einflussbereich liegen und welche nicht.
6. Auch wenn wir manche Dinge nicht ändern können, so können wir unsere Einstellung zu ihnen verändern.

MENTALE ORDNUNG HALTEN

Daniel Levitin ist ein in vielen Bereichen begabter Mensch: Er ist Musiker, professioneller Musikproduzent und geachteter Neurowissenschaftler. Den Herausforderungen, die die Informationsflut der heutigen Zeit mit sich bringen, hat er ein ganzes Buch gewidmet - genauer gesagt hat er sein Buch *The Organized Mind* unserem Verstand gewidmet.

Seine Kernaussage ist: Das Gehirn kann sich nur auf eine begrenzte Anzahl von Reizen gleichzeitig konzentrieren. Er räumt mit dem Mythos »Multitasking« auf und gibt viele Hinweise, wie wir unser informationsüberflutetes Leben organisieren können. Eine wichtige Erkenntnis:

Wir brauchen gut organisierte Orte, an denen wir unsere Informationen speichern (und wieder abrufen) können, um mental leistungsfähig zu sein.

Vereinfacht ausgedrückt bedeutet dies, dass wir von einem gut sortierten und »aufgeräumten« Geist profitieren, insbesondere wenn wir kreativ, schöpferisch und sinnvoll arbeiten wollen.

Das erinnert uns an Marie Kondo. Sie hat Aufräumen und Ordnung halten auf eine sehr japanische Art bekannt gemacht. Sie hat diese Themen nicht nur praktisch umgesetzt, sondern auch Menschen in schwierigen Situationen begleitet, wenn sie sich von Dingen trennen mussten, mit denen sie emotional stark verbunden waren. Aufräumen kann hier fast zur Therapie werden.

Als kreativer Mensch würde ich einwenden, dass Künstler*innen und Kreative auch das Chaos lieben und schon viele gute Ideen darin entstanden sind. Doch auch ich kämpfe mit der Informationsflut und muss mir gut überlegen, wo ich Inspirationen und neue Ideen festhalte, um sie später wiederzufinden. Für mich gibt es nichts Schlimmeres, als zu wissen, dass ich etwas Besonderes festgehalten habe und es später partout nicht wiederfinden kann.

Kein Wunder, dass das Thema »Persönliches Wissensmanagement« seit einiger Zeit große Resonanz findet und viele neue Möglichkeiten, Tools und Anwendungen dafür entwickelt werden.

So ist meine digitale Bibliothek mit vielen Notizen und Buchzitaten nur einen Klick entfernt. So kann ich – Marie Kondo hätte sicher ihre Freude daran – in meinen digitalen Schubladen nach wertvollen Zitaten und in meinen eigenen Gedanken und Ideen nach Inspiration suchen. Eine Person, die diese Idee schon im letzten Jahrhundert umfangreich genutzt hat, war ein Bielefelder Soziologe: Niklas Luhmann. Er ging tagsüber seiner Arbeit als Verwaltungsjurist nach und forschte abends leidenschaftlich über gesellschaftliche Phänomene. Nach kurzer Zeit bekam er eine Professur an der Universität Bielefeld angeboten, obgleich er noch keine wissenschaftliche Karriere vorweisen konnte.

In der Folge verfasste Niklas Luhmann in knapp einem Semester seine Doktorarbeit und in weiteren fünf Monaten seine Habilitation. Als er seine Stelle antrat, wurde er gefragt, wie viel Budget und Mitarbeiter er benötige. Luhmann antworte, er brauche eigentlich nichts. Auf die Frage, was er erforschen wolle und wie lange er dafür brauche, antwortete er: »Eine Theorie der Gesellschaft – etwa dreißig Jahre.« Er brauchte dann knapp 29 Jahre, um sein Werk zu vollenden. Seine Werke schrieb er allein – am Ende waren es fast sechzig Bücher und Hunderte von Aufsätzen. . Auf die Frage, wie er das geschafft habe, antwortete er, sein Zettelkasten habe die Arbeit gemacht.

Mit dem Zettelkasten meinte Luhmann sein analoges Zettelsystem, das wie ein riesiger Apothekerschrank aussieht. Man kann ihn in Bielefeld besichtigen und inzwischen auch digitalisiert im Internet. Rund 90 000 Notizen hat Luhmann bis zu seinem Lebensende verfasst und kategorisiert. Dazu benutzte er ein ausgeklügeltes System, mit dem er die Notizen organisierte und vernetzte – damals noch ganz analog, heute würde das eine Software erledigen. Niklas Luhmann nutzte die Technik, die ihm damals zur Verfügung stand – in seinem Zettelkasten finden sich auch Notizen auf Brauereiquittungen und Kinderzeichnungen.

Wie ein guter Gesprächspartner habe sein Zettelkasten nicht nur seine Gedanken sortiert, sondern ihm auch geholfen, neue Ideen zu produzieren. Dabei ist Luhmanns Ansatz keine Seltenheit, auch Künstler wie John Lennon, Joni Mitchell und Autoren wie Ryan Holiday sind bekannt dafür, dass sie ihre Arbeit mit einer Menge gut sortierter Kisten verrichten, die ihre Werke und Notizen kategorisieren. Sie sind wie eine Wissensdatenbank, welche ihnen helfen, kreatives Denken zu entfalten. Sie sind mehr als ein Speicherplatz – sie sind Orte der Resonanz.

Was für Niklas Luhmann der Zettelkasten war, waren für Mieko Kamiya ihre Tagebücher, »shuki« genannt. In zahlreichen Notizen und Briefen hielt sie ihre Gedanken fest. Es finden sich Einträge in japanischer, aber auch in englischer, französischer und deutscher Sprache: Tagebucheinträge, Gedichte und Gebete, aber auch Notizen über die Entwicklung der Patienten, die sie begleitete. Aus ihren Aufzeichnungen entwickelte sie auch ihre Bücher und wissenschaftlichen Werke.

Wenn wir Mieko Kamiyas Tagebücher lesen, sehen wir eine intensive Auseinandersetzung mit ihrem Dasein, ihren Zweifeln und natürlich ihren Fragen zum Ikigai. Was ist der Sinn des Lebens? Verdiene ich es zu leben?

Wann immer ich Einträge von Mieko Kamiya lese, erkenne ich ihr Ringen mit sich, ihrem Ikigai und existenziellen Lebensfragen. Gleichzeitig spricht sie mit ihrem Tagebuch wie mit einer nahestehenden Person. Sie stellt Fragen und führt ein offenes Gespräch mit sich selbst. Man erkennt deutlich, dass für sie das Schreiben nicht nur das bloße Festhalten von Gedanken und Notizen war, sondern dass das Schreiben für sie die Qualität des generativen Denkens auf Papier hatte.

Wenn wir unseren Gedanken freien Lauf lassen und sie zu Papier bringen, entfalten unsere Worte vor uns sichtbar eine Struktur und können uns neue Zusammenhängen aufzeigen. Wir werden uns klar darüber, was in uns selbst vorgeht. Kreatives Schreiben ist ein wirksames Mittel, um Unbewusstes ans Licht zu bringen. Als »expressives Schreiben« wurde es auch für Kurztherapien eingesetzt. Heute nennen wir es »Journaling«, und es ist in der Tat sehr hilfreich für unseren Geist, regelmäßig ein Tagebuch zu führen. Ich persönlich bevorzuge ein analoges Journal, da die Gefahr der digitalen Ablenkung gering ist. Außerdem spüren wir die Haptik von Papier und Stift – und erleben so eine Resonanz beim Schreiben.

DEIN SHUKI – DEIN ORT FÜR DEINE GEDANKEN

Welchen Ort für deine Gedanken hast du?
Folgende Kriterien können dir helfen:

- Handlich, immer dabei, leicht, analog, digital – was ist für dich wichtig?
- Wie könntest du Gedanken festhalten, wenn du kein Notizbuch bei dir hast?
- Wie kannst du es zu einem schönen Erlebnis für dich machen, Gedanken festzuhalten?

Probiere es aus und finde heraus, was für dich funktioniert.

Wie kannst du das Schreiben zu einer guten Gewohnheit machen?

- Trage dir einen Termin in deinen Kalender ein.
- Nutze Pausen im Alltag für das Schreiben.
- Lege dir dein Journal auf den Frühstückstisch.
- Nutze regelmäßig denselben Ort für das Schreiben: zum Beispiel eine Parkbank, an der du beim morgendlichen Spaziergang vorbeikommst, ein gemütlicher Platz in deiner Wohnung oder in deinem Lieblingscafé. Ein solcher Schreibort kann für dich zu einem Refugium werden, an dem du deinen persönlichsten Gedanken freien Lauf lassen kannst. Wenn es dir gelingt, einen Platz und einen Rhythmus für dein Schreiben zu entwickeln, kann aus diesen Momenten etwas sehr Wertvolles entstehen. Dies stärkt deinen Geist und dein Ikigai.

ZUSAMMENFASSUNG

1. Ein guter Geist benötigt heute mehr denn je ein aufgeräumtes Zuhause.
2. Rituale und Formen, die uns helfen, unsere Gedanken festzuhalten und zu sortieren, können dafür wertvoll sein.
3. Kreatives Schreiben oder Journaling können helfen, Unbewusstes ans Licht zu bringen

ÜBUNG: INFORMATIONSDIÄT

Nicht alles, was wir aufnehmen, ist gut für uns. Diese Übung kann dir helfen, wichtige von unwichtigen Informationen zu unterscheiden. Schreibe zunächst einige deiner wichtigsten Ikigai-Quellen in den Kreis, sodass du

IKIGAI-QUELLEN

Welche Medien, welche Informationen sind gut für dich?

Welche Informationen helfen dir, welche inspirieren dich?

sie vor Augen hast. Schreibe dann auf die linke Seite, welche Medien dir guttun und auf die rechte Seite, auf welche Informationen du getrost verzichten kannst. Deine Ikigai-Quellen im Kreis können dir helfen, Entscheidungen für die eine oder andere Seite zu treffen.

Auf welche Informationen kannst Du verzichten?

____

____

____

____

____

Welche Informationen sind eher "Fast Food" und tragen langfristig nicht zu deinem Wohlbefinden bei?

____

____

____

____

____

META-AUFMERKSAMKEIT STÄRKEN

Deine mentale Kapazität ist für dein Leben und dein Ikigai von höchster Bedeutung. In diesem Abschnitt widmen wir uns daher unseren mentalen Ressourcen und lernen, wie wir sie bewahren können, um Ikigai zu erleben.

Mein Privileg ist es, morgens, wenn ich eine Runde mit dem Hund drehe, wunderbare Sonnenaufgänge beobachten zu können und an meiner Lieblingsstelle zu verweilen, um über den Fluss zu schauen. Ich liebe den Wechsel des Lichts und die Millionen von Farben, die sich jede Sekunde ändern. Je mehr ich mich darauf einlasse, desto mehr Details nehme ich wahr. Das Wasser, die kleinen Wellen auf dem Fluss, Vögel, ihre Geräusche und auch das graue Rauschen der Stadt.

In diesen Momenten nehme ich auch mich selbst besser wahr, mein Atem wird ruhiger, ich entspanne mich spürbar, und meine Gedanken nehmen ihren freien Lauf.

Mit dem Handy bin ich immer versucht, den schönen Moment festzuhalten. Mir wurde ein japanisches Gen nachgesagt, ich entspreche dem Klischee von Japaner*innen, die ständig mit der Kamera unterwegs sind. Aber das ist schon lange kein Phänomen der japanischen Kultur mehr. Wir alle kennen den Impuls, besondere Momente festhalten zu wollen. Wir wollen diese Augenblicke abspeichern, in denen wir eine intensive Resonanz verspüren.

Fotografie bedeutet sinngemäß »mit Licht malen«. Wir fangen durch die Sensoren unserer Kameras in Sekundenbruchteilen das Licht ein. Unser Anteil dabei ist, welchen Ausschnitt, welche Perspektive und welche Einstellung wir wählen. Was früher der analoge Film in der Kamera erledigte, ist heute mit unserem Smartphone möglich. Das führt dazu, dass die meisten von uns Tausende von Erinnerungen mit sich tragen. Das ist wunderbar, wenn wir Freunden von diesen Momenten erzählen wollen, zugleich kommen wir häufig gar nicht dazu, all die fotografischen Schätze durchzuschauen.

Woher kommt der Wunsch, Augenblicke festzuhalten? Vielleicht liegt es an der Vergänglichkeit, an der Flüchtigkeit dieser Augenblicke. Wir wissen, dass genau dieser Moment unter diesen Umständen so nicht wiederkommen wird. Wir werden an unsere eigene Vergänglichkeit erinnert, und die Kamera ist eine Möglichkeit, diesen Moment festzuhalten.

Ich frage mich, ob ich morgens nicht mehr vom Sonnenaufgang habe, wenn ich auf die Kamera verzichte. Für mich ist es eine gute Übung, in den schönsten Momenten, etwa wenn eine Möwe durch die ersten Sonnenstrahlen fliegt, dem Impuls zu widerstehen, den Moment festzuhalten. Warum ihn nicht hundertprozentig genießen?

Das wäre ganz im Sinne meines Ikigai - die Natur ist eine meiner Quellen. Sobald ich mein Handy zücke, verändert sich meine Aufmerksamkeit. Ich bin bei der App und sehe die Welt kategorisch verkleinert auf dem Display. Erschwerend kommt hinzu, dass ich mit meinem Mobiltelefon fast mein gesamtes digitales Leben verbinde. Das ist fantastisch und gefährlich zugleich. So gut ich meine Benachrichtigungen auch reduziert habe, es kommt fast immer eine Nachricht durch. Noch viel stärker sind aber meine internen Trigger. Mir kommen gute Ideen, wenn ich den Sonnenaufgang betrachte - warum nicht festhalten?

»Ich könnte einen Blogbeitrag schreiben oder ein Kapitel für dieses Buch festhalten? Das Bild ist einfach zu schön, ich sollte es einer guten Freundin zusenden. Das würde sie bestimmt freuen. Und ich muss daran denken, den Anruf noch zu tätigen« - das sind alles Gedanken, die das Handy durch seine bloße Anwesenheit bei mir auslöst. Wie geht es dir?

Die Forscherin Dr. Anna Lembke beschreibt in ihrem Buch *Die Dopamin-Nation* die Macht von Technologie und Medien. Sie vergleicht Social-Media-Plattformen mit einarmigen Banditen und anderen Glücksspielautomaten, weil sie eine ähnliche Wirkung auf uns haben. Sie führen zu einer großen Belohnung, der Ausschüttung des Hormons Dopamin - ein Phänomen, das durch die Unvorhersehbarkeit noch verstärkt wird: Wir wissen nicht, ob wir eine neue Nachricht erhalten, wir wissen nicht, ob jemand unseren Beitrag gelikt hat oder ob uns jemand eine neue Nachricht geschickt hat. Aus der Verhaltensforschung wissen wir, dass diese Unvorhersehbarkeit unser Verlangen, schnell nachzusehen, enorm verstärkt. Das führt dazu, dass wir unbewusst auf dem Handy nachschauen, sobald wir uns langweilen, warten müssen oder einen langatmigen Film anschauen. Vielleicht hat sich ja etwas getan. Es ist wie ein Automatismus - und plötzlich sind wir mit unserer Aufmerksamkeit ganz woanders und eine halbe Stunde ist vergangen. Dieses Verlangen wird sogar ausgelöst, wenn ich einen fulminanten Sonnenaufgang sehe oder ich mit Freunden auf einer Reise bin.

Wir wissen, dass soziale Medien unglaublich trickreich konstruiert sind, um uns zu fesseln - doch die wahren Auslöser kommen aus unserem Inneren. Häufig ist es eine tiefe Sehnsucht, wie der Wunsch nach Anerkennung oder auch einfach die Langeweile, die Stille, das Sich-selbst-Ausgeliefertsein, das uns zur Ablenkung verleitet. Das entspricht dem, was Verhaltensforscher als die Grundform von Sucht beschreiben: Wir lassen uns unbewusst auf etwas ein, das uns gefangen nimmt, das uns für eine gewisse Zeit verspricht, uns aus unserer aktuellen Welt herauszuführen. Das kann aus Langeweile geschehen oder weil wir mit schwierigen Gefühlen zu kämpfen haben. So können wir für einige Momente die Welt und unsere Herausforderungen verlassen. Wenn wir dies unbewusst über einen längeren Zeitraum tun, kann uns das langfristig schaden. Wir beginnen, Dinge aufzuschieben, was zu neuen Scham- und Schuldgefühlen führen kann.

Daher ist es wichtig, solche Kreisläufe zu verlassen oder erst gar nicht entstehen zu lassen. Unser Ikigai kann uns immer wieder daran erinnern, was wirklich von Bedeutung ist und uns so als Reflexionsebene dienen. Wir können uns fragen: »Ist das wirklich von Bedeutung, was ich gerade tue?«

Die Grundvoraussetzung dafür ist, dass wir es überhaupt bemerken. In Seminaren spreche ich häufig mit Menschen, die berichten, dass sie selbst erstaunt sind, wie sie mit dem Pausengong unmittelbar zum Handy greifen. Dieser Reflex ist mittlerweile so tief verankert, dass wir uns keine Gedanken mehr darüber machen, als würden wir einen Schluck Wasser trinken.

»Meta-Aufmerksamkeit« kann uns helfen, diese Gewohnheiten wieder bewusst wahrzunehmen. Es ist die Fähigkeit zur Selbstbeobachtung als Voraussetzung für eine Reflexion. Ich vergleiche es mit einer Kamera, die über mich hinwegfliegt: Durch die Möglichkeit der Meta-Aufmerksamkeit kann ich mich selbst im Bild sehen. Meta-

Aufmerksamkeit kannst du trainieren. Im Folgenden findest du eine gute Übung dafür. Sie ist wie eine kurze Trainingssession für den Geist. Deine Aufmerksamkeit ist dabei das Trainingsgerät, wie eine Hantel. Das Gute ist, die hast du immer dabei. Dadurch gibt es kaum eine Situation, in der du nicht üben kannst - etwa beim Warten an einer Haltestelle oder auf dem Weg zur

Bahn. Nur bei der Fahrt im Auto solltest du dich lieber auf den Straßenverkehr konzentrieren.

Je mehr du übst, umso mehr wirst du auch im Alltag bemerken, wenn sich deine Aufmerksamkeit verändert. Keine Sorge, das ist keine Bewusstseinsveränderung - du bleibst dieselbe Person, du wirst nur aufmerksamer für dich und dein Umfeld. Dir wird stärker bewusst, wenn du deine Aufmerksamkeit verlierst, und du kannst sie neu ausrichten. Du kannst dich aktiv dafür entscheiden, eine Pause zu machen, wenn du bemerkst, dass deine Konzentration nachlässt oder deine Aufmerksamkeit wandert.

Denn es ist nicht nur ein Mythos, es ist vielmehr eine Illusion, dass Multitasking existiert. Tatsächlich können wir uns nur einer einzigen Sache wirklich widmen.

Unser Gehirn ist jedoch in der Lage, rasant zwischen unterschiedlichen Situationen zu wechseln, sodass wir das Gefühl haben, Multitasking zu verrichten. Dies produziert zudem noch eine Menge Dopamin, und wir glauben, viel zu erreichen. Erst danach bemerken wir, wie anstrengend das Ganze war. Der Versuch, Multitasking zu verrichten, verbraucht eine Menge Ressourcen, führt zu Stress und schadet unserer Ikigai-Wahrnehmung. Zudem zeigt die Forschung, dass die Arbeitsergebnisse im Vergleich eher schlechter sind, als wenn wir uns auf eine Sache (»Monotasking«) konzentrieren. Mir hilft dabei immer wieder, mich daran zu erinnern, dass »Priorität keinen Plural kennt«.

ÜBUNG: META-AUFMERKSAMKEIT

In dieser Übung nutzen wir unsere Vorstellungskraft, um uns selbst zu beobachten. Das stärkt unser kognitives und emotionales Radar. Wenn du die Möglichkeit hast, empfehle ich, diese Übung als geführte Meditation zu machen. Folge dafür dem QR-Code:

Schließe die Augen und sehe dich selbst vor deinem inneren Auge. Sieh den Raum, wo du jetzt gerade bist. Sieh dich selbst, wie du das Buch in der Hand hältst und diese Zeilen liest. Nimm wahr, welche Gedanken du hast. Welche Emotionen spürst du? Stell dir vor, dass deine Gedanken so etwas sind, wie vorbeiziehende Wolken. Sie kommen und gehen. Lass dir etwas Zeit und formuliere innerlich, was du bemerkst.

»Ich lese in diesem Buch und bemerke Gedanken über (was ich als Nächstes tun will) ... und Gefühle (Vorfreude) ...«
»Ich verspüre (Neugier, Interesse, Freude) ...«
»Ich schließe die Augen und denke nach über ...«.

Lass dir Zeit, um nur wahrzunehmen. Dazu kannst du bewusst tief ein- und ausatmen. Vielleicht ergeben die einzelnen Gedanken und Gefühle keinen übergreifenden Sinn. Wenn sich doch Zusammenhänge zeigen - wie würdest du sie zusammenfassen? Was sagen sie dir über die aktuelle Situation?

Durch die aktive Formulierung bekommen wir Abstand von unseren Gedanken und Gefühlen und lernen, sie wahrzunehmen und in Sprache zu fassen. Durch das Artikulieren bekommen sie eine Form, durch unsere Sätze eine Struktur - und vielleicht sogar ein zusammenhängendes Narrativ. Die Idee dabei ist, die Gedanken und Gefühle nur zu bemerken, sich aber nicht von ihnen vereinnahmen zu lassen.

Du kannst die Übung jetzt abschließen. Wenn du magst, bewege dich nach der Übung, trinke etwas oder tu das, was du gerade brauchst. Möglicherweise hast du jetzt, nach dieser Übung, mehr Einblicke, was du jetzt gerade brauchst.

Wenn du deinen Geist immer wieder mit solchen Übungen schulst, hilft dir das auch, den Moment und was in ihm gerade bedeutsam ist, bewusster wahrzunehmen - und wird so dein Ikigai stärken. Du richtest dann nicht nur deine Konzentration, sondern auch deine Intention aus und kannst dein Tun damit auf das richten, was für dich wertvoll ist. Oft erleben wir in solchen Momenten eine Art »Flow« und können Dankbarkeit entwickeln für das, was wir erleben.

Zugleich lernen wir, unsere geistigen Ressourcen gezielt einzusetzen. Wir »verschwenden« sie nicht. Im Japanischen gibt es dafür das Wort »Mottainai« – es bedeutet, nichts zu verschwenden, was wertvoll ist. Und wie schon gesagt: Deine mentale Kapazität ist für dein Leben und dein Ikigai von höchster Bedeutung.

ÜBUNG: SCHNELLE FOKUSSIERUNG

Mikroübungen sind ungemein praktisch, da sie schnell und überall im Alltag durchgeführt werden können. Du kannst sie in nahezu jeder Situation anwenden.

1. Mach gedanklich »Halt«, wo du gerade bist.
2. Wenn es möglich ist, kannst du kurz die Augen schließen.
3. Atme einmal tief ein.
4. Atme lange aus.
5. Frage dich: »Was ist jetzt wirklich wichtig?«.

Diese Übung kostet dich nur ein paar Sekunden und kann für deine Aufmerksamkeit und dein Ikigai ein großer Gewinn sein.

ZUSAMMENFASSUNG

1. Unsere Aufmerksamkeit ist unser höchstes Gut, insbesondere in einer Zeit, wo wir von so vielen Angebote umgeben sind, die unsere Aufmerksamkeit wollen.
2. Daher ist die Entwicklung und das Trainieren von Meta-Aufmerksamkeit wichtig für unsere Ikigai-Wahrnehmung.

INS STAUNEN KOMMEN

Es ist für mich immer wieder beeindruckend, beim Blick in den Nachthimmel Sekunde für Sekunde neue Sterne zu sehen. Es erfüllt mich mit Ehrfurcht, wenn ich mir vorstelle, wie weit das Licht gereist sein muss, damit ich es sehen kann.

Schon beim Anblick von Aufnahmen der Milchstraße kannst du diese Bewunderung erleben.

Astronaut*innen berichten von überwältigenden Momenten, wenn sie sich der Weite des Universums bewusst wurden – und zugleich der Zerbrechlichkeit unserer Erde und unserer Existenz.

Das Wort »staunen« stammt von dem Wort »erstarren« ab. So wurde Staunen möglicherweise früher verstanden – wir erstarren in Ehrfurcht. Dabei passiert innerlich etwas ganz anderes: Es werden massiv Hormone freigesetzt, und Staunen ist gesund für unser körperliches und mentales Wohlbefinden. Wenn wir Stress erleben, sollten wir viel häufiger einmal ins Staunen geraten.

Forschende konnten zeigen, dass wir Staunen auch erleben, wenn wir Zeugen von Großzügigkeit oder Menschlichkeit werden, zum Beispiel wenn wir in den Nachrichten sehen, wie Menschen bei einer Flutkatastrophe alles stehen und liegen ließen, um den Opfern zu helfen. In solchen Momenten können wir eine große Resonanz spüren. Unsere empathische Reaktion führt zu Mitgefühl. Die Forschenden bezeichnen es als »moralisches Hochgefühl« – es führt zur Ausschüttung des Bindungshormons Oxytocin.

REFLEXION

Welche Dinge versetzen dich ins Staunen?

Wie könntest du dem Staunen mehr Raum geben?

Welcher Akt von Selbstlosigkeit berührt dich?

Welche Gedanken und Emotionen setzt es in dir frei?

Was würdest du gerne anderen Gutes tun?

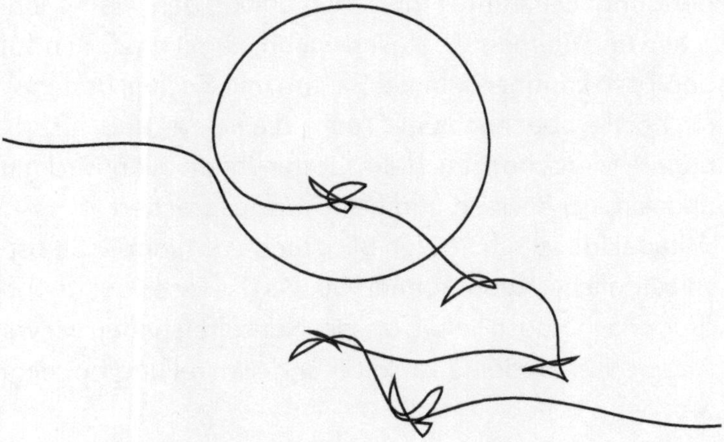

DANKBARKEIT ENTWICKELN

Dankbarkeit ist ein zentrales Element für unser Ikigai. In der japanischen Kultur ist sie tief verankert. Das wohl bekannteste Wort dafür ist »arigato«. Es bedeutet wörtlich, dass etwas sehr schwer (rar, selten) zu sein scheint und drückt Dankbarkeit dafür aus, dass die Dinge einen Ausgang genommen haben, der wie ein Segen empfunden wird.

Aber auch ein weniger bekanntes Wort, das wohl in kaum einer japanischen Familie nicht am Anfang einer Mahlzeit fällt, zeigt die Bedeutung von Dankbarkeit: »Itadakimasu«. Man könnte es oberflächlich als »Guten Appetit« oder »Wohl bekomm's« übersetzen, aber die Bedeutung geht weitaus tiefer: »Itadaku« steht für eine demütige Haltung, vergleichbar mit einer verbalen Verbeugung. Dahinter steht der Gedanke, dass viele Menschen und Elemente beteiligt waren, damit das Essen auf den Tisch kommen konnte: Bauern und Fischer, Erntehelfer, Köche, aber auch der Ozean, die Felder, und, für spirituelle Menschen, auch die Götter. Ihnen allen wird mit Itadakimasu Respekt und Dank ausgesprochen.

Itadakimasu schärft den Blick für das scheinbar Selbstverständliche. Heute können wir uns das Essen auf Knopfdruck nach Hause liefern lassen. Nur selten haben wir vor Augen, wer an der Produktion und Herstellung beteiligt war.

REFLEXION

Wenn du das nächste Mal isst, versuche einmal, innezuhalten und dir vorzustellen, wer alles daran beteiligt war, um dir dieses Essen zu ermöglichen. So kannst du leicht beginnen, dein Bewusstsein für Selbstverständlichkeiten im Alltag zu erweitern.

Ein weiteres Wort, dass den Stellenwert von Dankbarkeit in der japanischen Gesellschaft zeigt, ist »sumimasen«. Es ist eines der häufigsten Wörter im japanischen Alltag. Meine Mutter benutzt es ständig – »sumimasen« passt in jeder Situation. Am häufigsten wird es als höfliche Entschuldigung benutzt, kann aber auch einen Dank ausdrücken. Auch mir ist das in Fleisch und Blut übergegangen. Geprägt durch die japanische Kultur benutze ich »Entschuldigung« bei allen möglichen Gelegenheiten. Deshalb höre ich oft von anderen: »Dafür brauchst du dich nicht zu entschuldigen« – aber diese Form der Höflichkeit ist tief in mir verwurzelt. »Sumimasen« bedeutete ursprünglich: »Wenn ich deine Güte in Zukunft nicht erwidere, wird mein Herz keine Ruhe finden.«

Das mag für uns seltsam und pathetisch klingen, aber dahinter steckt die Idee, dass wir miteinander verbunden sind und füreinander einstehen. Es bedeutet, dankbar zu sein für die Güte der anderen und sie daher zu erwidern.

Es verbindet zwei zentrale Werte der japanischen Gesellschaft: eine Dankbarkeit gegenüber anderen Menschen und die Haltung, ihnen keine Umstände bereiten zu wollen.

Ein Beispiel: Wenn ich im Restaurant am Ende des Tisches sitze und der Kellner sich weit vorbeugen muss, um mir das Essen zu reichen, sage ich »sumimasen« – »entschuldigen Sie, dass ich Ihnen Umstände bereite«. Zugleich bin ich dankbar für seine Mühen. Sumimasen entspringt der Ikigai-Dimension »Respekt«. Es ist der Respekt vor dem Wesen anderer Menschen und Dankbarkeit für die Mühe, die sie sich machen.

Der langjährige Präsident von Toyota, Akio Toyoda, verkörpert diesen Respekt und diese Dankbarkeit wie kein anderer. Er ist bekannt für seine aufrichtigen und sehr emotionalen Entschuldigungen. Wenn etwas schiefgeht, übernimmt er öffentlich die Verantwortung, oft wird seine Stimme dabei brüchig, und er vergießt öffentlich Tränen. Trotz der Größe von Toyota spürt man seine Verbundenheit mit Kunden, Lieferanten und Mitarbeitenden.

Sein Respekt zeigt sich nicht nur in seinen Entschuldigungen, sondern auch in den Grundsätzen, die er sich als Führungskraft gesetzt hat:

»Begrüße jeden aufrichtig am Morgen.«

»Bedanke dich, wenn jemand etwas für
dich getan hat«.

»Sei bei jedem Treffen, das du angesetzt hast, als Erster da«.

»Gehe zu der Person hin, anstatt sie anzurufen.«

Sein Kommunikations- und Führungsstil ist davon geprägt, seinen Werdegang, seine Erfolge und Misserfolge transparent mit den Mitarbeitenden zu teilen, damit sie lernen können. Er sieht es als seine Aufgabe an, Erfahrungen weiterzugeben – insbesondere solche, bei denen er gescheitert ist und sich anpassen musste.

Mitarbeitende berichten, dass die ersten Fragen, die Toyoda stellt, stets lauten: »Wie geht es dir? Bist du glücklich? Bist du gesund?«

Er legt Wert darauf, nicht als Präsident angesprochen zu werden, auch wenn er Präsident ist. Lieferanten und Partnern bietet er stets an, ihn »Akio« zu nennen – das klingt für uns nach einer Kleinigkeit, für die formell-höfliche japanische Kultur ist es eine kleine Revolution.

ZUSAMMENFASSUNG

1. Dankbarkeit ist ein zentrales Element für unser Ikigai.
2. Dankbarkeit ist ein tiefes Gefühl, das sich wie ein seltener Segen anfühlen kann (»arigato«).
3. Dankbarkeit ist verbunden mit tiefem Respekt (»sumimasen«).
4. Dankbarkeit für zu Achtsamkeit für die kleinen, nicht immer sichtbaren Dinge (»itadakimasu«). Das macht auch die kleinsten Momente besonders wertvoll.

REFLEXION

Welche Dinge sind für dich selten und ein Segen?

Wofür bist du gerade dankbar?

Wem könntest du aus Dankbarkeit jetzt schreiben?

Es reicht eine kurze Nachricht - oder ein längerer Brief. Welche Eigenschaften schätzt du an dieser Person besonders?

MIT HERAUSFORDERUNGEN UMGEHEN

Die große Welle vor Kanagawa ist ein berühmter Holzstich. Das Bild des Künstlers Hokusai stammt aus dem frühen 19. Jahrhundert und ist eine wahre Ikone geworden. Wir finden es heute auf T-Shirts, Postern und Albumcovern wieder.

Es zeigt eine Welle, und wer genauer hinschaut, entdeckt mehrere Fischerboote mit Menschen, die die Welle überqueren wollen.

Es ist stürmisch, die Wellen wirken gewaltig und bedrohlich. Das Bild steht still – es ist nicht klar, wie die

Boote die riesige Welle überwinden können. Im Hintergrund ist majestätisch thronend der Berg Fuji zu sehen. Der Sturm scheint ihm nichts anhaben zu können.

Neben der aufgehenden Sonne ist das Bild des Fuji mit seinem schneebedeckten Gipfel ein zentrales Symbol für Japan. Japaner*innen haben große Ehrfurcht vor dem Berg - er wird auch als »Fuji-san« angesprochen. Er verkörpert eine Schönheit, die viele Menschen als heilig empfinden.

Es ist nicht schwer, seine Anmut und Schönheit zu erkennen. Auch für mich hat der Berg zu jeder Jahreszeit etwas Majestätisches - vor allem, wenn sich sein Bild in einem der fünf großen Seen spiegelt.

Das Bild der Kanagawa-Welle können wir nutzen, um über unser Leben zu reflektieren. Der Fuji repräsentiert Ruhe und Sicherheit, die kleinen und großen Wellen Herausforderungen, denen wir uns stellen müssen.

REFLEXION

Schau auf das Bild der Kanagawa-Welle, nimm dir kurz Zeit, atme einmal bewusst tief ein und aus und beobachte, welche Gedanken dir zu dem Bild kommen. Dazu kannst du auch die Augen schließen. Notiere im Anschluss deine Gedanken auf einem gefalteten Blatt Papier.
Schreibe auf der einen Hälfte auf, was dich derzeit herausfordert. Schreibe auf der anderen Seite auf, was dir Stabilität, Halt und Orientierung gibt. Egal, ob du dich eher in der Ruhe oder in den Wellen verortest, frage dich

abschließend: Welche Ikigai-Quellen könnten dir in deiner Situation helfen?

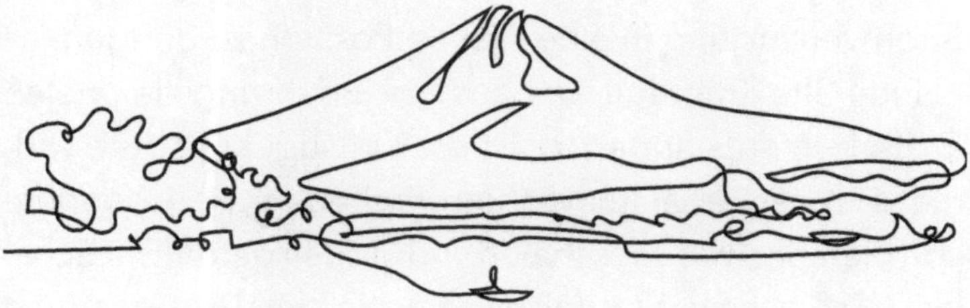

Der Fuji – von außen ist er wunderschön, doch im Inneren des Vulkans schlummert Gefahr. Seit Beginn der Aufzeichnungen ist er achtzehnmal ausgebrochen. Er ist auch heute noch aktiv, allerdings mit geringem Ausbruchsrisiko.

Seit dem letzten großen Ausbruch im Jahr 1707 ruht der Fuji weitestgehend, die letzten Anzeichen von vulkanischer Aktivität gab es in den 1960er-Jahren. Wegen der großen Schäden, die ein Ausbruch verursachen würde, wird er allerdings 24 Stunden am Tag überwacht.

In Japan zu leben, bedeutet mit Gefahren zu leben. Als Inselstaat im Pazifischen Ozean ist Japan ständig Naturgewalten ausgesetzt. Neben dem Fuji gibt es etwa vierzig weitere aktive Vulkane. Und durch den sogenannten »Pazifischen Feuerring«, der an Japan grenzt, wird die Insel bis zu 5000-mal pro Jahr durch Erdbeben erschüttert. Das sind über dreizehn Beben pro Tag.

Das ganze Leben hat sich darauf eingestellt: Jede Schule probt regelmäßig den Ernstfall, die Architektur der Häuser ist so konzipiert, dass sich die Bauwerke bewegen können, um einen Einsturz zu verhindern, und die neuesten Züge sind mit Batterien ausgestattet, die es ermöglichen, den Zug bei einem Erdbeben auch ohne Stromversorgung in eine sichere Position zu bringen.

Eine alte Tradition, die aus der Erfahrung der vielen Erdbeben entstanden ist, ist die Kintsugi-Kunst. Sie widmet sich der Reparatur von Zerbrochenem, insbesondere von Gefäßen wie Teeschalen. Individuell gefertigte Schalen (茶碗, *Chawan)* symbolisieren in der Teezeremonie die Einzigartigkeit des Moments. Dieses wichtige Prinzip kennen wir schon. Und auch mit weiteren Prinzipien der Teezeremonie haben wir schon Bekanntschaft gemacht: Harmonie (»Wa«), Respekt (»Kei«), Stille (»Jaku«), Reinheit (»Sei«), die sowohl innerlich als auch äußerlich gemeint ist, und schließlich die Gäste mit einer Gastfreundschaft zu empfangen, die von ganzem Herzen kommt.

Diese Prinzipien ermöglichen eine Begegnung in der Teezeremonie, die von Leichtigkeit, Schönheit und Aufmerksamkeit für die Person, den Tee und den Moment geprägt ist. So kann die Zeremonie zu einer Ikigai-Quelle werden, die uns das Leben als lebenswert empfinden lässt.

Wird eine der symbolisch so aufgeladenen Teeschalen beschädigt, werden alle zerbrochenen Teile sorgfältig gesammelt und gesäubert. Danach analysiert der Kintsugi-Meister, ob und wie er die Schale wieder reparieren kann. Nicht immer werden alle Stücke Verwendung finden können, nicht immer lässt sich das Gefäß in der alten Form wiederherstellen. Der Reparaturvorgang selbst ist aufwendig und braucht Zeit. Durch den japanischen (hochgiftigen) Urushi-Lack und Reismehl wird die Keramik mit viel Sorgfalt wieder zusammengebunden. Dabei wird das Gefäß selbst immer wieder ruhen – auch hier kommt der Aspekt von Raum und Zeit zum Tragen. Es braucht Ruhe, damit die Verbindungen aushärten können. Erfahrene Kintsugi-Meister brauchen für komplexere Arbeiten bis zu einem Jahr. Nach der Politur wird das Gefäß an den Nahtstellen vergoldet. Dadurch erscheint die Schale in einer neuen Gestalt. Hervor tritt ein Gefäß mit Narben aus Gold.

Schau dir eine Kurzfassung des Kintsugi-Films an, den wir in Kyoto gedreht haben:

Es ist etwas Neues, Wunderschönes entstanden, das es ohne die vorherige Zerstörung nicht gegeben hätte. Wenn Ikigai von der Frage handelt, was das Leben lebenswert macht, umfasst dies das gesamte Spektrum unseres Lebens. Es schließt damit auch die tragischen und herausfordernden Lebenssituationen mit ein.

Besonders deutlich wird das in der Biografie der Begründerin der Ikigai-Psychologie selbst: Mieko Kamiya. Wir erinnern uns: Sie verlor in jungen Jahren eine große Liebe, weshalb sie keinen Sinn mehr in ihrem Leben sah. Die Beobachtungen der deportierten Leprakranken zeigten ihr jedoch, dass Menschen auch in ausweglosen Situationen Hoffnung und Sinn finden können. Über Ikigai zu schreiben wurde schließlich ihre eigene Ikigai-Quelle. Sie entdeckt dabei ihre einzigartige Stimme, eine Berufung, die unmittelbar ihrer tragischen Lebensgeschichte entspringt. Sie drückte es so aus: »Niemand hat eine Persönlichkeitsstruktur wie meine, hat Erfahrungen wie ich gemacht und niemand hat gefühlt und gedacht, was ich fühlte und dachte. Dem durch das Schreiben Ausdruck zu verleihen, kann niemand anderes tun als ich.«

Durch die Entdeckung ihrer Einzigartigkeit konnte sie ihre eigene Lebensgeschichte neu deuten. Sie schaute

VERTIEFUNG: IKIGAI UND RESILIENZ

Resilienz wird häufig als »Immunsystem der Seele« beschrieben. Wir haben zuvor gesehen, dass aus der Sicht der modernen Stressforschung die Jagd nach Sinn und Bedeutung viel bedeutsamer ist als die Vermeidung von Stressoren.

Wenn wir auf der einen Seite Sinn und Bedeutung mit Ikigai finden, gibt uns Kintsugi auf der anderen Seite die Möglichkeit, mit Rückschlägen umzugehen. Indem wir uns von dem Gedanken der Perfektion verabschieden, gewinnen wir die Kraft und Ressourcen, um uns unseren Brüchen bewusster zuzuwenden. Durch Ikigai gewinnen wir ein Bewusstsein für Sinn – durch Kintsugi gewinnen wir kraftvolle Metaphern für Brüche im Leben. Beides führt zu innerer Stärke, die wir Resilienz nennen.

auf ihre Erfahrungen zurück und sah sie – viele Jahre später – als bereichernd. Der Schmerz über den Verlust blieb, doch sie konnte ihn überwinden, indem sie ihre einzigartigen Erfahrungen für ihre Werke über das Ikigai nutzte.

Diese Kraft der neuen Deutung gibt uns die Möglichkeit, Vergangenes zu überwinden und als neue Ressourcen einzusetzen.

ÜBUNG: LEBENSLINIE

Es gibt viele Dinge, die ich in meinem Leben nicht noch einmal erleben möchte. Heute weiß ich aber, dass ich ohne diese Erfahrungen nicht derselbe wäre – und ich kann sie nutzen, um meine Geschichte zu erzählen. Das tue ich in der Hoffnung, dass andere in vergleichbaren Situationen dadurch Kraft, Inspiration oder sogar etwas Hoffnung schöpfen können. Und wenn es nur der Gedanke ist: »Ich bin nicht allein mit meinen Herausforderungen.«

Wirf auf der nächsten Seite ein Blick auf dein eigenes Leben.

LEBENSLINIE – HÖHEN UND TIEFEN DEINES LEBENS

Trage Höhepunkte, Herausforderungen, Rückschläge oder Verluste ein.

HÖHEPUNKTE

GEBURT	10 JAHRE	20 JAHRE	30 JAHRE

HERAUSFORDERUNGEN / RÜCKSCHLÄGE

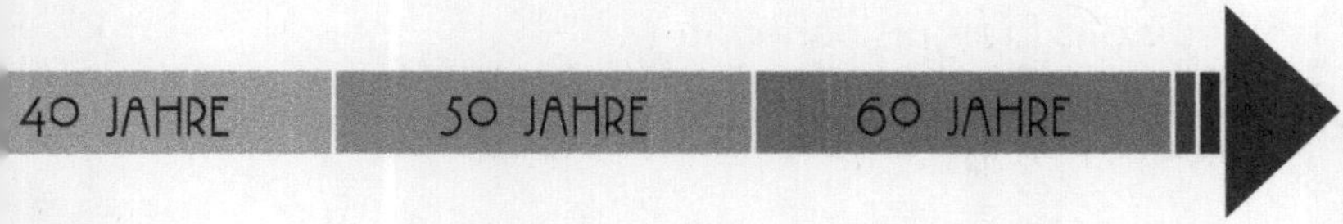
40 JAHRE
50 JAHRE
60 JAHRE

REFLEXION

Lass dir Zeit und beobachte dein Bild. Versuche, es nicht zu werten, nimm es einfach nur wahr. Es ist egal, auf welcher Seite mehr Ereignisse stehen.
Wenn du bereit bist, nimm dir ein Ereignis heraus und schau, was es aus heutiger Sicht über dich und dein Ikigai sagt. Nimm dir etwas, das du als abgeschlossen einordnest.
Wenn die Erlebnisse emotional noch zu frisch oder unverarbeitet sind, ist es noch nicht an der Zeit, sie neu interpretieren zu wollen.

Schau dir das Ereignis näher an.
Was ist dort Einzigartiges verborgen?

____

____

____

Was konntest du aus dieser Erfahrung lernen?

____

____

____

____

Zu was beruft dich diese Erfahrung?

Zu was befähigt dich diese Erfahrung?

Für wen könntest du aufgrund dieser Erfahrung ein*e gute*r Gesprächpartner*in sein?

So kannst du nach und nach über alle deine Ereignisse gehen. Du kannst auch Linien zwischen ihnen zeichnen, wenn du Verbindungen zwischen ihnen erkennst.
Wenn du spürst, dass du eine Pause benötigst, gehe

diesem Impuls nach. Erinnere dich an die Idee der kleinen Schritte. Du musst nicht alle Ereignisse auf einmal anschauen. Auch der Kintsugi-Meister kann nur einen Schritt nach dem anderen gehen.

Wenn du heute genug reflektiert hast, schließe das Buch, schließe die Augen und atme tief ein und aus. Wenn du magst, kannst du dabei die Hand auf dein Herz legen und dir sagen, dass du heute intensiv an deiner Lebensgeschichte und deinem Ikigai gearbeitet hast und morgen ein neuer Tag ist, von dem wir erwarten dürfen, dass er viele Ikigai-Momente für uns bereithält – gute wie herausfordernde.

Mieko Kamiya hat uns einige wunderbare Zeilen hinterlassen:

»Wenn wir aus dem Schlaf erwachen,
werden wir vom Morgen begrüßt.
Wir haben den Morgen nicht erschaffen;
er ist irgendwie gekommen, um uns
die Chance zu geben, einen weiteren Tag zu leben.
Wir wachen auf und entdecken den Morgen.
Der Sinn des Lebens ist wie der Morgen.«

Auch wenn diese Übung nicht einfach ist, so ist sie doch sehr wertvoll für unser Gefühlsleben. Sie ist wie eine emotionale Inventur, die uns immer wieder hilft, Ordnung in unser Leben zu bringen. Wenn es uns gelingt, Momente aus der Vergangenheit neu zu interpretieren, können sie zu einem großen Schatz für unser Ikigai werden. So können einst dunkle Momente in neuem Licht erscheinen.

ZUSAMMENFASSUNG

1. Herausforderungen sind eine Chance für unser Wachstum - eine zentrale Ikigai-Dimension.
2. Wenn etwas zerbricht, muss dies nicht das Ende sein. Kintsugi zeigt uns, wie in kunstvoller Weise Bruch eine neue Widmung bekommen kann. Es kann etwas Neues entstehen, das das Alte nicht vergisst und zugleich in neuer Gestalt erscheint.
3. Unsere »Narben« sind ein Hinweis auf unsere Einzigartigkeit. Daher verdienen sie unsere Aufmerksamkeit und Zuwendung. Sie können als Lebenslinien »goldene« Verbindungen schaffen.
4. Ein sorgsamer Umgang mit Herausforderungen und Rückschlägen kann resilienter machen. Wir können Kraft und Hoffnung aus ihnen schöpfen.

EILE VERMEIDEN

Jede Krise hat ihre Helden. In der Zeit, in der dieses Buch entstand, sehen wir täglich Bilder von Helfern beim Erdbeben in der Türkei und im syrischen Raum, die mit ihren bloßen Händen nach Vermissten graben. Nach der Katastrophe von Fukushima wurden über fünfzig Mitarbeitende geehrt, die bei dem Atomunglück in dem Kernkraftwerk blieben, um ein noch größeres Ausmaß der Katastrophe zu verhindern. Auch in unserem täglichen Leben treffen wir aus der Perspektive von Ikigai kleine und große Held*innen. Auf Okinawa sind dies Großmütter, die mehrere Hundert Kuchen pro Woche für die Gemeinschaft backen. In meiner Gegend schaut der »Chef der Straße«, so wie ich ihn nenne, immer nach dem Rechten: Von seiner Bäckerei aus sieht er, wenn ein*e Nachbar*in Hilfe braucht oder ob jemand das Licht am Auto angelassen hat.

Was für Held*innen kannst du in deiner Umgebung entdecken? Wenn wir alle philosophischen, spirituellen und psychologischen Strömungen von Westen nach Osten durchgehen, werden wir immer wieder ein Element finden: Engagement. Wir erfahren Bedeutung und Sinn im Leben, wenn wir uns über unseren eigenen Horizont hinaus engagieren. Selbstloses »Engagement« ist etwas, das die Positive Psychologie, die Dritte Wiener Schule der Psychotherapie sowie die Ikigai-Psychologie kennen. Wir haben es bereits bei Mieko Kamiya oder Trudy Boyle kennengelernt.

Eine der berühmtesten Geschichten selbstlosen Engagements ist die Parabel des barmherzigen Samariters. Er nimmt sich der Not eines Überfallenen am Wegesrand an, an dem zuvor viele der religiösen Elite vorbeigegangen sind. Der Samariter nimmt ihn mit auf den beschwerlichen Weg von Jerusalem nach Jericho und versorgt ihn. Er bringt ihn an einen sicheren Ort und bezahlt für ihn.

Fast ebenso berühmt ist die Studie zweier Professoren der Universität Princeton. Sie ließen Theologiestudenten einen Vortrag über dieses Gleichnis schreiben. Für den mündlichen Vortrag sollten sie das Gebäude wechseln. Verschiedene Gruppen hatten unterschiedlich viel Zeit. Einige der Gruppen mussten das Gebäude in sehr kurzer Zeit wechseln. Alle Gruppen kamen an einem bedürftigen Mann vorbei, der durch einen Schauspieler gespielt wurde. Das Ergebnis: Diejenigen, die es am eiligsten hatten, halfen am wenigsten. Das zeigte: Herkunft, moralisches Verständnis, religiöse Vorbildung – all das scheint unwichtig. Entscheidend sind die Umstände. Eile führt zu geringerem, Stress sogar zu gar keinem Engagement.

Daher ist unser Ikigai nicht nur eine Frage von Genügsamkeit und kleinen Schritten, es ist auch die Frage, mit welchem Tempo wir durch die Welt düsen wollen. Ich persönliche merke, wie ich von Termin zu Termin hetze oder mir zu wenig Zeit für bedeutsame Unterhaltungen mit anderen nehme. Dies ist nicht nur eine Frage von »weniger ist mehr«, es ist auch eine Frage, warum ich es so eilig habe. Was andere von mir brauchen, kann ich nur wahrnehmen, wenn ich mich darauf einlasse. Es ist die andere Seite der Medaille von Ikigai: Das Ikigai dreht sich nicht nur um die Schätze, die wir für uns wahrnehmen, sondern auch um die Schätze, die wir anderen geben können. Je mehr wir uns darauf einlassen, desto mehr können wir Wert für uns und andere gleichermaßen entdecken. Dieses Entdecken ist nur möglich, wenn wir uns die Zeit dafür nehmen. Wir kennen die Warnschilder »Eile tötet« – hier gilt »Eile zerstört unser Ikigai«.

REFLEXION

Was kannst du tun, wenn du in Eile bist?

Welche Auslöser und Annahmen stecken dahinter?

Wie kannst du dir mehr Raum für Ruhe schaffen?

LERNEN, »NEIN« ZU SAGEN

Ich erwische mich immer wieder dabei, wie ich sage: »Ich muss jetzt weiter, ich muss zum nächsten Termin.«

Kennst du das auch? Wie oft sagen wir »müssen« statt »wollen«, als wären wir fremdbestimmt? Und wie häufig sagen wir: »Ich habe keine Zeit«, als könnten wir sie besitzen?

Dabei ist Zeit etwas Wunderbares: eine gerechte Währung, die wir alle in der gleichen Menge zur Verfügung haben. Wir entscheiden, womit und wie wir unsere Zeit verbringen.

Auch wenn wir sagen: »Ich muss jetzt zur Arbeit«, haben wir uns irgendwann entschieden, dieser Arbeit nachgehen zu *wollen*. Wenn ich sage: »Ich *muss* jetzt ins nächste Meeting«, habe ich der Besprechungsanfrage einmal zugestimmt. Beobachte dich die nächsten Stunden einmal selbst dabei, wie oft du »müssen« verwendest.

Meinen Klienten gebe ich oft den Test, den du auch schon gemacht hast. Dabei zeigt sich ein wiederkehrendes Muster: Am meisten ist der Wunsch ausgeprägt, sich weiterzuentwickeln und etwas Neues zu lernen. Zugleich sagen aber nur wenige, dass sie Raum und ausreichend geistige Kapazität für diese Weiterentwicklung haben. Woran liegt das? Und was hindert uns daran?

Zum einen können uns tatsächlich äußere Umstände einschränken, die wir gar nicht oder nicht so leicht ändern können: Armut oder Krankheit zum Beispiel. Solche Situationen sind eine besondere Herausforderung.

Hier dürfen wir uns in Erinnerung rufen, dass unser menschliches Dasein nicht ausschließlich von den äußeren Umständen bestimmt wird, sondern auch von unseren Entscheidungen. Wir denken an Viktor Frankls Geschichte und an die Einstellungswerte, die wir zuvor kennengelernt haben. Selbst in ausweglosen Situationen verbleibt uns ein Raum der inneren Freiheit - in diesem Raum können wir uns entscheiden, wie wir uns zu den Umständen verhalten, auch wenn die äußere Freiheit noch so gering erscheint. Eine Einladung an dich ist, dich zu erinnern: Du hast immer dich!

Es gibt auch äußere Umstände, an denen wir leichter etwas ändern können, die uns mehr Freiräume lassen. Hier können wir uns entscheiden, wie wir uns zu ihnen stellen: Akzeptieren wir diese Umstände oder wollen wir sie verändern? Wir erinnern uns an die Arbeit an unserem System.

Ein großer Teil der Antwort auf die Frage, warum uns Zeit für Weiterentwicklung fehlt, liegt jedoch auf unserer Seite. Wir können uns dafür entscheiden, uns mehr mentale Freiräume einzuräumen.

Vor vielen Jahren machte ich in der von mir gegründeten Agentur eine Recherche, womit meine Mitarbeitenden ihre Zeit verbringen. Ich hörte immer wieder, wenn es um private Belange ging: »Ach, das mache ich morgen!« Anscheinend hatten sie wenig Zeit. Woran lag das? Also schnappte ich mir einen Kollegen, öffnete eine Excel-Tabelle und fragte ihn, wie alt er werden wolle. Dann recherchierten wir, wie viel Zeit im Leben wir mit täglichen Dingen verbringen: kochen, im Stau oder an Ampeln stehen, auf die Toilette gehen und viele weiteren Kuriositäten des Alltags.

Wir fanden heraus, dass wir bei einer durchschnittlichen Lebenserwartung von achtzig Jahren ungefähr drei

Jahre im Badezimmer verbringen, 24 Jahre mit Schlafen, mehr als acht Jahre in der Arbeit und über ein Jahr damit, unerwünschte E-Mails zu löschen und zu beantworten. Wir schlossen die Statistik mit der Tatsache ab, dass wir wohl nur zwei Wochen im Leben mit dem Küssen und mit dem Beten verbringen. Natürlich sind die Werte für jede Person höchst individuell, dennoch bin ich jedes Mal, wenn ich mir diese Statistiken vor Augen führe, überrascht, wie wenig Zeit wir im Verhältnis mit unseren Kindern oder in der Gesellschaft unserer Freunde verbringen oder mit anderen Dingen, die unser Leben lebenswert machen. Es liegt an uns, dieses Verhältnis zu ändern. Nur wenn wir die Bedingungen schaffen, in denen unser Ikigai aufblühen und sich entfalten kann, können wir es auch finden. Wir selbst haben die Verantwortung dafür, fortwährend solche Räume in unserem Leben zu schaffen. Dabei hilft uns die Kunst des Neinsagens.

Wie oft erlebe ich, dass ich mit gemischten Gefühlen zu einem Termin gehe, weil ich denke: »Ich hätte nicht zusagen sollen.« Wenn der Termin dann abgesagt oder verschoben wird, fühle ich mich erleichtert. Kennst du das auch? Eigentlich ist das nicht gut für uns. Ein alter Chef sagte mir zu Beginn meines Berufslebens: »Motoki, change it, leave it or love it.« Bis heute halte ich mich an dieses Credo. Das Skript funktioniert wie folgt: Bei deiner nächsten Entscheidung, wie du deine Zeit verbringst, kannst du dich fragen: »Bin ich überzeugt davon?«

Ist die Antwort ja, dann lass dich voll uns ganz darauf ein. Wenn nicht: Lass es sein. Wenn du bereits zugesagt hast: Sag es ab.

Wenn wir uns so verhalten, sind wir aufrichtig zu anderen und vor allem zu uns selbst. Natürlich gibt es immer

Graubereiche, mögen viele einwenden, und sicherlich muss man manchen Dingen auch eine Chance geben, auch wenn man nicht gänzlich überzeugt ist. Absolut - genau deswegen ist es wichtig, *noch* mehr Klarheit darüber zu gewinnen, ob wir wirklich aus vollem Herzen »Ja« zu etwas sagen. Nur so entwickeln wir die Freiheit und Integrität, Entscheidungen zu treffen, die das fördern, was uns wichtig ist. Unser Ikigai wird es uns danken. Wenn du dich an die Ikigai-Dimensionen zurückerinnerst, tragen klare Entscheidungen zu unserer Selbstverwirklichung (selbstbestimmt handeln und entscheiden) und am Ende auch zu unserer Freiheit (ich tue, was ich will - und entscheide mich dafür bewusst) bei.

REFLEXION

Eine alte Weisheit besagt, dass wir zehnmal »Nein« sagen müssen, um ein »Ja« zu ermöglichen.
In welchen Momenten erlebst du, dass du »Ja« sagst, obwohl du »Nein« sagen möchtest? Denk an die letzten Wochen zurück und schreibe so viele Situationen wie möglich auf.

Welche Annahmen führen dazu? (»Ich bin verpflichtet.«) Welche befreiende Annahme könntest du stattdessen glaubwürdig für dich annehmen? (»Ich habe die Wahl.«)

ZUSAMMENFASSUNG

1. Wenn wir lernen »Nein« zu sagen, schaffen wir dadurch Raum für unser Ikigai und die Dinge, die uns am Herzen liegen.
2. Dies ist eine entscheidende Voraussetzung für die Ikigai-Dimension der Selbstverwirklichung. Klare Entscheidungen ermöglichen uns echte Freiheit.
3. Ein ehrliches »Nein« ist aufrichtiger, als viele Male halbherzig »Ja« zu sagen. Diese Aufrichtigkeit führt zu mehr Respekt vor anderen und uns selbst gegenüber.

IKIGAI MIT ANDEREN – ZUHÖREN VERBINDET

Ikigai erleben wir auch in Beziehung mit anderen. Erinnere dich an die sieben Dimensionen von Mieko Kamiya: Es lebt von der Resonanz, die entsteht, wenn wir im Austausch mit anderen sind. Das kann ein inspirierendes Gespräch sein, in dem wir erfahren, was für andere das Leben lebenswert macht – auch wenn sie Ikigai noch gar nicht kennen. Auch wir können unser Ikigai im Gespräch mit anderen teilen. Wir können darüber sprechen, was uns bewegt, was für uns das Leben besonders lebenswert macht und auch, was unsere Herausforderungen dabei sind. Diese Fragen helfen uns, tiefere Gespräche zu erleben.

Fragen aus diesem Buch können ein Leitfaden sein, wenn du ein solches Gespräch führen möchtest: Was macht dein Leben gerade lebenswert? Was bereitet dir Freude? Was bereitet dir Herausforderungen? Was ist dir wichtig?

Damit gibst du dem Gespräch die Möglichkeit, vom typischen »was hast du so gemacht?« zu »was bewegt dich wirklich« zu kommen.

Ikigai kann aber auch in jedem anderen Gespräch entstehen, in dem wir das Gefühl haben, mit dem anderen im Einklang zu sein. Was hier hilft, ist eine Haltung des achtsamen und aufmerksamen Zuhörens.

In den meisten Gesprächssituationen fallen wir uns oft ins Wort. Wir unterbrechen einander und hören nicht wirklich zu. Ich tue dies häufig aus gut gemeinter Höflichkeit: Wenn Menschen nach Worten suchen, beende ich die Sätze für sie. Im Resultat unterbricht dies meine Gesprächspartner*innen in ihren Gedanken. Wenn auch du beobachtest, dass du öfters in den Satz deines Gegenübers hineinfällst, kannst du dir eine Frage stellen: »Höre ich wirklich zu - oder überlege ich mir schon meine nächste Antwort?«

Achtsames Zuhören können wir tatsächlich üben. Wir können unsere Aufmerksamkeit trainieren. Dies ist aus zwei Gründen notwendig: Zum einen kann unser Gehirn nur für eine gewisse Zeit die Aufmerksamkeit halten. Es geht spätestens nach zwanzig bis dreißig Sekunden auf »Wanderung«. Es entwickeln sich eigene Gedanken, und wir verlieren den Fokus auf das Zuhören. Daher müssen wir lernen, diese Veränderung zu bemerken, um unsere Aufmerksamkeit wieder neu auszurichten.

Zudem ist unsere Kultur davon geprägt, dass die Personen belohnt werden, die sich häufig einbringen. Das fängt schon in der Schule an: Wer sich viel meldet, bekommt gute Noten. Statistiken zeigen, dass eher extrovertierte Menschen den Ablauf von Sitzungen bestimmen und bei Beförderungen bevorzugt werden.

Aufmerksames Zuhören geht von uns aus. Wir schenken anderen unsere ungeteilte Aufmerksamkeit. Rachel Naomi Remen, die als Medizinerin kultiviert hat, schwer erkrankten Patient*innen zuzuhören, betont, dass Zuhören vielleicht das älteste und mächtigste Werkzeug für die Genesung ist, das wir kennen.

Otto Scharmer, einer der führenden Zukunftsforscher sagt: »Zuhören ist nicht nur eine wichtige Fähigkeit, es ist die bedeutungsvollste und am meisten unterschätzte Führungsfähigkeit des 21. Jahrhunderts.«

Wir können durch die Qualität unserer Aufmerksamkeit einen Raum kreieren, in dem andere sich willkommen und angenommen im Sinne von »komm und sei, wie du bist«, fühlen. Sie erfahren durch das aktive Zuhören Wertschätzung und werden sich der eigenen Gedanken und Worte bewusst.

Über diese Wirkung hat Henri Nouwen geschrieben. Seine Zeilen bewegen mich immer wieder. Henri Nouwen spricht von der Gastfreundschaft, die wir durch unser aufmerksames Zuhören ermöglichen. Gastfreundschaft ist ein zentraler Wert in Japan: Das japanische Wort »omotenashi« meint eine Gastfreundschaft, die von Herzen kommt, bei der Menschen sich bis ins kleinste Detail Mühe geben, um dem Gast die volle Aufmerksamkeit zu schenken. Nichts soll den Gast stören – er soll sich sicher, respektiert und willkommen fühlen.

Der Geist von »omotenashi« ist selbstlos: Der Gastgebende erwartet keine Gegenleistung. Diese Form der Gastfreundschaft entspringt der Teezeremonie, bei der die Einzigartigkeit des Augenblicks (»ichi-go ichi-e«) gewürdigt wird. So kann es uns auch beim Zuhören ergehen: Es sind einzigartige Augenblicke, wenn wir jemanden zuhören dürfen. Auch hier ist der Geist der Wertschätzung der kleinen Dinge sichtbar.

Diese besondere Form der Gastfreundschaft kann uns auf unserer Ikigai-Reise neue Verbindungen und Inspiration schenken. Dabei können wir durch achtsames Zuhören sowohl Gäste als auch Gastgebende sein.

Wenn uns Ikigai eines lehren kann, dann dass wir zunächst lernen müssen, uns selbst zuzuhören, bevor wir anderen zuhören können. Zuhören erfordert also Achtsamkeit und Selbstgewahrsein. Erst wenn wir mit uns verbunden sind, können wir uns mit anderen verbinden. Dabei unterstützt dich dein Ikigai.

Zusammensetzung des Kanjis für „Zuhören"

Zusätzlich kannst du während oder nach Gesprächen über die folgenden Reflexionsfragen aufmerksamer dafür werden, anderen achtsam zuzuhören.

ÜBUNG: ACHTSAMES ZUHÖREN

Frage dich während und nach Gesprächen:

- Höre ich wirklich zu?
- Bin ich aufmerksam?
- Bin ich eher bei mir und meinen Gedanken oder mit Interesse bei meinem Gegenüber?
- Wie kann ich ruhiger in Gesprächen werden und aufmerksamer zuhören?
- Welche inneren Bedürfnisse bringen mich dazu, andere zu unterbrechen?
- Welche Annahmen liegen dem zugrunde (»Ich habe nur wenig Zeit.«, »Was ich zu sagen habe, ist wichtig.«)

Wenn du aufmerksam zuhörst, kannst du Ikigai bei anderen entdecken. Das Schöne daran ist, dass du mit dieser Haltung jeden Tag von jeder Person lernen kannst. Diese Begegnungen sind einzigartig. Wir erinnern uns an das Prinzip »ichi-go ichi-e«.

Jede Begegnung verdient daher unsere reine, unverfälschte Wahrnehmung. Achtsames Zuhören ist ein Weg, den Menschen und den Augenblick zu würdigen. So entfaltet sich Ikigai in täglichen Begegnungen. Eine kleine Veränderung in unserer Aufmerksamkeit kann uns ermöglichen, andere Menschen und ihre Anliegen ungeteilt wahrzunehmen. In der Resonanz des Gespräches können beide Seiten eine echte Verbindung und wertvolle Ikigai-Momente erleben.

ZUSAMMENFASSUNG

1. Ikigai lebt von der Resonanz, die entsteht, wenn wir im Austausch mit anderen sind.
2. Was hier hilft, ist eine Haltung des achtsamen und aufmerksamen Zuhörens.
3. Achtsames Zuhören geht von uns aus. Wir schenken anderen unsere ungeteilte Aufmerksamkeit.
4. Achtsames Zuhören können wir üben. Wir können unsere Aufmerksamkeit trainieren.

DER WEG IST DAS ZIEL: ERREICHE DEIN VOLLES POTENZIAL

ALS der Sänger und Songwriter Charlie Puth in Japan war, schenkte man ihm ein fotorealistisches Porträt, das ihn tief bewegte. Zum einen faszinierte es ihn, dass jemand so viel Zeit und Geduld in das Werk gesteckt hatte, zum anderen erzeugte das Motiv einen Moment der Reflexion. Es zeigte ihn in einem Hotelzimmer, vor sich ein Keyboard, und ließ Erinnerungen hochkommen.

Charlie Puth's Karriere hat sich rasant entwickelt. Seine Songs haben Milliarden von Aufrufen auf YouTube. Aufgrund eines perfekten musikalischen Gehörs konnte er sich schon früh Melodien einprägen. Als Kind war er sich dessen nicht bewusst – warum sollten das nicht alle Kinder können?

FINDE DEINE EINZIGARTIGKEIT

So geht es uns häufig mit unseren Talenten. Wir halten das, was für uns selbstverständlich ist, für normal, auch wenn es für andere in Wirklichkeit besonders oder gar außergewöhnlich ist. Erst die Reaktion unserer Umwelt zeigt uns den wahren Schatz auf.

Bei Charlie Puth war das ein Moment in der Kirche. Bei einem Sonntagsbesuch fehlte der Organist und irgendwer fragte: Kann jemand heute spielen? Obwohl er noch nie Orgel gespielt hatte, ließ der kleine Charlie das Instrument in den schönsten Tönen erklingen. Seine Füße kamen nicht mal ans Pedal. Durch sein perfektes Gehör hatte er viele Gospels im Kopf und konnte sie ohne Noten oder Übung abrufen. Die Kirchengemeinde war baff. Von dem Tag an wusste Charlie Puth, dass er im Bereich der Musik etwas Besonderes zu bieten hat. Es war so etwas wie eine Berufung.

REFLEXION

Welche einzigartigen Talente spürst du oder erahnst du bereits in dir? Welche Begabungen hast du, die du für selbstverständlich hältst?

Schreibe sie alle auf und lies deine Notizen danach noch einmal laut für dich vor. Was spürst du, wenn du diese Dinge aussprichst?

Nach seinen ersten Erfolgen traf Charlie Puth zufällig in einem Restaurant auf Elton John, der ihm sehr kritisches Feedback auf seine kommende Veröffentlichung gab. Elton John empfand die neuen Aufnahmen musikalisch dürftig. Für Charlie Puth eine schmerzvolle Nachricht, nach all der Arbeit, die in die Produktion geflossen war. Gleichzeitig war es ein Fingerzeig des Universums: Er hatte bereits ein Gefühl, dass etwas nicht stimmte. Nach diesem Hinweis begann er, seine musikalische Karriere neu auszurichten und versuchte, zu einer neuen, passenderen Stimme zu finden.

Das Einlassen auf die Kritik und die damit verbundenen Herausforderungen hat seine einzigartige Stimme weiter geschärft.

Herausfordernde Momente können uns wertvolle Hinweise geben. Wenn wir den Mut haben, daraus zu lernen, können wir daran wachsen. Was dabei entstehen kann, ist unsere einzigartige Stimme.

ÜBUNG: FÜR MUTIGE

Was würden andere sagen, solltest du unterrichten? Schick ein paar Freunden eine Nachricht und frage sie: »Ich lese hier ein Buch und soll diese Aufgabe machen. Auch wenn es verrückt klingt: Über was würdest du sagen, könnte ich ein Tutorial drehen? Was könnte ich anderen Leuten erklären oder beibringen?«

Bei Menschen wie Charlie Puth sprechen wir oft davon, dass sie das Glück haben, ihr Hobby zum Beruf gemacht zu haben. Wir empfinden ihr Tun nicht wirklich als Arbeit, sondern viel mehr als Berufung. Eine Berufung ist für uns eng mit einem Beruf verbunden. Und auch wenn das etymologisch stimmen mag, ist es inhaltlich falsch.

Es ist wichtig, dir das zu verdeutlichen: Deine Berufung kannst du in sehr vielen Dingen finden, unabhängig von deinem Beruf. Ein gutes Beispiel dafür ist wieder einmal Mieko Kamiya: Nachdem sie als Übersetzerin am Kaiserhof der Prinzessin und als Medizinerin gearbeitet hatte, fand sie im Schreiben über Ikigai schließlich ihre Berufung.

Berufung ist für viele ein großes Thema. Dabei hat jeder eine Art Berufung, oder vielleicht sogar mehrere.

Im Grunde ist eine Berufung eine von vielen möglichen Ikigai-Quellen. Je stärker wir uns darüber bewusst werden, wozu wir uns berufen fühlen, umso verbundener fühlen wir uns mit dem, was unserem Leben Sinn und Bedeutung gibt. Aus dieser Verbundenheit erwächst die Motivation, Dinge zu verändern, etwas Eigenes zu starten, Neues zu schaffen. Eine Berufung hat einen inneren Kern und kann sich nach außen in ganz unterschiedlichen Facetten zeigen. Um das zu verdeutlichen, würde ich dir gerne eine Geschichte aus meinem eigenen Leben erzählen.

Eine Leidenschaft in meiner Kindheit war es, Detektiv zu spielen. Ich glaube, ich hegte wirklich den Berufswunsch, einmal Detektiv zu werden. Von meinen Eltern borgte ich mir eine professionelle Lupe und irgendwie wollte ich schon sehr früh einen Trenchcoat haben. Die Geschichten von Alfred Hitchcock und von Agatha Christie fesselten mich. Bis heute liebe ich Romane und Filme über Spionage und Crime Stories.

Vielleicht war dies sogar einer der Gründe, warum ich später Jura studiert habe und Strafrecht mein Lieblingsfach wurde. Für mich ging es nicht darum, Paragrafen zu lernen, mich begeisterte eher die Möglichkeit, alle Details eines Sachverhalts zu untersuchen und würdigen zu können. Bis heute habe ich diese Leidenschaft, wenn ich mit den Kindern Rätsel und Puzzle löse.

Mein erster Job im Studium war bei einem »Havariekommissariat«, in dem ich Sachverhalte von Versicherungsunfällen aufnehmen musste. Auch dabei ging es um Details, und ich durfte zum ersten Mal professionell eine Kamera einsetzen.

Nach dem Studium hatte ich erwogen, journalistisch zu arbeiten. Viele Jahre blieb dies eher ein Hobby. Von dem ersten Beitrag als Schüler in der Zeitung bis zum Blogschreiben in späteren Jahren - das, was mich vor allem motivierte, war die Recherche. Auch in der Fotografie bevorzuge ich die Reportage - sie gibt mir die Möglichkeit, Momente festzuhalten, die nicht offensichtlich sind. So geht es mir auch mit dem Schreiben dieses Buches, die Recherchen der einzelnen Geschichten, haben mir viele Ikigai-Momente beschert. Heute schreibe ich leidenschaftlich gerne, und diese Leidenschaft hat immer mehr Raum in meinem Beruf gefunden. Zurückschauend stelle ich fest, dass eine gewisse Leidenschaft (die später zu einer Berufung werden sollte), Sachverhalte zu recherchieren, zu ordnen und wiederzugeben, immer schon da war, sich in den unterschiedlichen Lebensphasen aber ganz unterschiedlich gezeigt hat. Meine Berufung ist alles andere als »fertig« - auch ich bin noch auf der Suche. Das ist das Spannende und Herausfordernde zugleich.

Das Wort Berufung klingt nach etwas Großem. Wenn du eine große Ehrfurcht vor der Bedeutung verspürst, erinnere dich daran, dass das Ikigai von den kleinen Schritten lebt. So kannst du dich auf deiner Reise auch deiner Berufung nähern: in vielen kleinen Schritten.

REFLEXION

Lass uns nun Zeit für deine Geschichte nehmen. Was ist ein roter Faden, den du aufnehmen kannst? Er ist im ersten Augenblick möglicherweise nicht offensichtlich. Was dir helfen kann, sind Ikigai-Momente aus Kindheit und Jugend. Welche Erinnerungen werden in dir lebendig?

Auf den folgenden Seiten kannst du deiner Berufung anhand von Fragen noch ein Stück näherkommen. Diese Fragen sind Anhaltspunkte, sie können dir ganz im Sinne von Ikigai kleine Hinweise geben. Eine große Hilfe ist es auch, sich mit anderen austauschen und von ihrer Sicht etwas über uns lernen zu können. Denn ein wichtiger Hinweis auf unsere Berufung ist, dass sie bei anderen etwas auslöst. Mit wem könntest du dich über diese Fragen austauschen?

BERUFUNG

Welche Themen ziehst du wie ein Magnet an?

Was vertrauen dir Menschen an?

Wie sehen dich andere Menschen?

Mit welchen Personen verspürst du eine besondere Art des Einklangs?

Wie könnte deine Lebensgeschichte andere ermutigen und inspirieren?

BERUFUNG

Welche Ikigai-Quellen spielen immer wieder eine Rolle?

Worin möchtest du mehr investieren?

Welche Werte sind für dich wichtig?

BERUFUNG

Wo ist dein Ort des Schaffens?

Wann erlebst du dich besonders kreativ?

Wann blühst du auf?

Was gibt dir Kraft?

Was möchtest du noch dazulernen?

Was fällt dir leicht und anderen schwer?

In welcher Jahreszeit befindet sich dein Leben gerade? Ist es eher Frühling, Sommer, Herbst oder Winter?

Welche Saison kommt für dich als nächste? Was erhoffst du dir?

Wie kannst du dich am besten auf die kommende Saison vorbereitet?

SCHÄRFE DEINE SKILLS

»Kunst kommt von Können«, heißt ein alter Spruch – und von der Herkunft des Wortes ist das sogar korrekt. In der westlichen Welt gibt es die Idee von 10 000 Übungsstunden, die es braucht, damit wir eine meisterliche Fertigkeit entwickeln. In Japan sind es 60 000 Stunden, um eine Disziplin wirklich zu meistern. Die Ausbildung zum Sushi-Koch dauert gute zehn Jahre. In den ersten Jahren lernen Schüler*innen nur die Zubereitung von Reis: Das Waschen, das Kochen und das Fermentieren. Dahinter steht zum einen das Verständnis, dass der Reis nicht nur die Beilage ist, sondern die Grundlage für ein gutes Sushi – und dass der fermentierte Reis die persönliche Signatur des/der Sushi-Chef*in sein wird

Meister*innen in ihrer Disziplin werden in Japan »Takumi« genannt. Sie erlernen jahrhundertaltes Kunsthandwerk. Eine der ältesten Firmen der Welt ist in Japan angesiedelt. Gegründet im Jahr 1578 baut sie seit 41 Generationen Tempel aus reinem Holz ohne jegliche Metalle. Die Fähigkeiten, die dazu notwendig sind, werden von Generation zu Generation weitergegeben. Die Takumi sind ein lebendiges Beispiel für Hingabe und Ausdauer. Nicht immer empfinden sie dabei Sinn und Bedeutung. Einige Takumi berichten, dass sie anfangs nicht viel Freude an der Arbeit hatten – im Gegenteil, die Ausbildung war hart, es gab wenig Entlohnung – ein tieferer Sinn schien in weiter Ferne. Viele Takumi haben ihre Arbeit begonnen, weil ihre Eltern sie auch verrichtet haben. Erst im Laufe der Zeit haben sie in ihrer Arbeit Sinn gefunden. Ein Holzarbeiter beschreibt dies so: »Der Hobel hat mich gefunden, nicht ich ihn.«

Dies beeindruckt mich sehr. Während wir in unserer westlichen Welt versuchen, dem Sinn auf die Spur zu kommen, ihm nachzujagen, scheinen diese Meister*innen ihres Handwerks sich einfach auf die Aufgabe einzulassen. Sie finden durch ihre *Hingabe* Sinn und Bedeutung - nicht andersherum.

Es erinnert mich an Formen des bewussten Übens. Bei mir war es immer die linke Hand beim Klavierspielen oder komplizierte Barréegriffe, die mir wenig Freude bereiteten – im Gegenteil, sie bereiteten mir eher Schmerzen und Krämpfe. Aber nur dann, wenn wir uns auf diese Übungen einlassen, werden wir besser. Dadurch eignen wir uns neue Spieltechniken an, die uns ermöglichen, neue Stücke zu schreiben.

Die Verhaltensforschung weiß, dass Talent überbewertet wird und am Ende die Stunden zählen, die wir in unser Können investiert haben. So kann Kunst entstehen. Die Forschung kommt zu dem Schluss, dass diese Form des Übens Menschen zu Meister*innen macht: »Keine andere Aktivität sagt so gut voraus, ob man Weltklasse ist, wie die Anzahl der Stunden, die man absichtlich mit Üben verbracht hat. Bewusstes Üben bedeutet, Dinge zu tun, die wehtun.«

Das Takumi-Prinzip besagt:

In den ersten 10 000 Stunden lernst du die Grundregeln deines Handwerks (etwa fünf Jahre).

Nach 20 000 bis 30 000 Stunden kannst du deine Bestimmung finden – die Kunst findet dich und du dadurch dein Ikigai (etwa zehn bis fünfzehn Jahre).

Nach 60 000 Stunden (etwa 35 Jahre) wirst du ein*e wahre*r Meister*in in deiner Disziplin und bist in der

Lage, die Regeln zu brechen und neue zu definieren. Du veränderst die Kunst selbst.

Nun möchte ich dich nicht quälen oder gar von dir verlangen, dass du etwas tust, das dir nicht guttun könnte. Es geht viel mehr um die Frage, was du tun könntest, um die Fähigkeiten, die dein Ikigai fördern, weiterzuentwickeln?

Auf der nächsten Seite findest du ein Schema, mit dem du das herausfinden kannst. Notiere zuerst eine deiner wichtigen Ikigai-Quellen, z. B. »Musizieren« oder »andere Menschen inspirieren«. Schreibe dann kurz auf, worin du richtig gut bist, was dir leicht von der Hand geht z. B. »mir neue Melodien ausdenken« oder »ein Event planen«. Notiere danach, welche Bereiche dir schwerfallen oder Mühe machen - z. B. »Barréegriffe« oder »fremde Personen ansprechen«. Was könntest du tun, um beide Fähigkeiten weiterzuentwickeln?

Die Idee dahinter ist, dass sich diese Dinge häufig gegenseitig fördern. Sportler*innen nutzen dieses Prinzip, um Abwechslung in ihr Training zu bekommen. Sie üben bewusst andere Sparten, die sie nicht gut beherrschen, um in ihrer Hauptdisziplin besser zu werden. Nutze deine Kreativität und schau, wie du deine Fähigkeiten schärfen kannst, indem du Dinge übst, die dir schwerfallen.

Dabei hilft uns eine wichtige Ikigai-Haltung: Die Idee der »kleinen Schritte«. Darum wird es auch im nächsten Kapitel gehen.

Ikigai-Quelle

Fällt mir leicht | Fällt mir schwer

Das möchte ich tun

ZUSAMMENFASSUNG

1. Talent ist nicht alles - unser Können hängt im Wesentlichen von unserer Bereitschaft ab, in unsere Kunst (unsere Leidenschaft) zu investieren.
2. Dies schärft auch unsere Ikigai-Wahrnehmung: Wir erleben Selbstwirksamkeit und können einen eigenen Ausdruck (unsere eigene Stimme, Herangehensweise, Arbeitsweise) dabei kreieren. Wir erleben unsere Einzigartigkeit und so auch Ikigai.

KLEINE ANPASSUNGEN, GROßE WIRKUNG

Den Ausdruck »weniger ist mehr« machte Mercedes-Benz mit der Bewerbung des Smart bekannt. Tatsächlich lässt sich der Satz auf ein altes Gedicht von Christoph Martin Wieland aus dem 18. Jahrhundert zurückführen: »Und minder ist oft mehr.«

Kaizen ist eine japanische Philosophie, die uns aufzeigt, wie aus diesem »weniger« mehr werden kann. Kai bedeutet »Erneuerung« und Zen »das Gute«. Dahinter steht die Idee der kontinuierlichen Verbesserung: kleine, stetige Anpassungen führen im Laufe der Zeit zu erheblichen Vorteilen. Besonders erfolgreich hat Toyota diesen Ansatz verfolgt. Die sogenannten Toyota-Prinzipien machten das Unternehmen in den letzten Jahrzehnten führend in der Fertigungsqualität. In sogenannten »Hansei«-Besprechungen wird regelmäßig evaluiert, wo Verbesserungspotenzial liegt. Das Erstaunliche daran ist, dass diese Meetings auch dann durchgeführt werden, wenn ein Projekt erstklassig gelaufen ist. Die Idee dahinter ist, dass es immer eine Möglichkeit zur Verbesserung gibt.

Kaizen ist also nicht nur ein Fertigungsprinzip, sondern eine Frage der Haltung (»Kaizen-Mindset«). Hier sehen wir die Nähe zu Ikigai – der Frage, wie wir die vermeintlich kleinen Dinge im Alltag mehr wertschätzen können.

Ikigai	**Kaizen**
Wahrnehmung der kleinen Dinge führt zu großem Wertgewinn	Kleine Schritte der Verbesserung haben große Auswirkungen

Ziel von Kaizen ist es, Reibungsverluste im Prozess zu beseitigen. Dadurch werden Fehler vermieden und Ressourcen optimal eingesetzt. In der westlichen Welt führt diese Ideologie oft zur Rationalisierung – frei werdende Ressourcen werden eingespart. Dieser Gedanke ist der japanischen Kultur fremd. Der erste Gedanke wäre nicht »wie können wir hier Kosten sparen«, sondern »wie können wir die frei werdenden Ressourcen so einsetzen, dass sie mehr Wertschöpfung ermöglichen«.

Kaizen lässt sich auch auf das Privatleben übertragen. Ein paar Beispiele:

Eine Sache, die mich immer in meinem Leben gestört hat, war der Aufwand, zum Training zu gehen. Ich habe jetzt immer eine gepackte Tasche mit Schwimmsachen in der Nähe der Haustür stehen. Ich genieße das Schwimmen. Das Schwimmbad ist nicht weit, und ich kann dort alles auf einmal »erledigen«.

Ich muss viel reisen. Deshalb habe ich einen Koffer, in dem die Dinge, die ich immer brauche, schon drin sind: Kabel, Ladegerät, ein paar Medikamente, Reisezahnbürste etc.

Weil ich mein Handy während des Spazierengehens zu Hause lassen möchte, habe ich eine schöne Ablage an den Ausgang platziert, auf die ich mein Handy legen kann. Das macht es einfach für mich, den Vorsatz zu befolgen. Und ich weiß, wo das Handy ist, wenn ich es nach dem Spazierengehen suche. (Die Verhaltensforschung nennt dies netterweise »kognitive Prothesen«.)

Ich nutze das Handy gerne zum Schreiben. Manchmal ereilen mich Nachrichten oder Benachrichtigungen, in denen ich mich verliere. Das kann dazu führen, dass ich mein eigentliches Anliegen vergesse. Daher habe ich bis auf wenige Ausnahmen alle Benachrichtigungen abgestellt, mein Telefon ist immer stumm geschaltet, und ich habe häufig den Fokusmodus an.

Ich bemerkte in der eigenen Reflexion, dass ein bekannter Streamingdienst mich eher um ausreichend guten Schlaf bringt, als dass er mir Lebensfreude beschert. Daher habe ich ihn gekündigt und bin auch nie zurückgekehrt. In der Art und Weise schaue ich regelmäßig meine Abonnements durch. Was kein klares »Ja« von mir bekommt, wird im Zweifel gekündigt. Dies führt dazu, dass ich eine Menge »Waste« loswerde. Es ist wie aufräumen und tut meinem Haushalt gut.

REFLEXION

1. Was stört dich immer wieder? Wie könntest du es leichter gestalten?

2. Womit wolltest du schon seit Längerem anfangen, doch es fällt dir schwer? Was könntest du tun, damit es dir leichterfällt?

3. Welche Dinge kannst du systematisch aus dem Leben streichen, um mehr Platz für Neues zu schaffen?

Das »Weniger ist mehr«-Prinzip ist ein zentrales Prinzip von Ikigai. Wir wissen, dass Mieko Kamiya sich explizit auf die Logotherapie bezogen hat. Die Logotherapie kennt das Prinzip des Verzichts, um langfristig Zufriedenheit zu erleben. Das können wir für eine ergänzende Reflexionsübung anwenden.

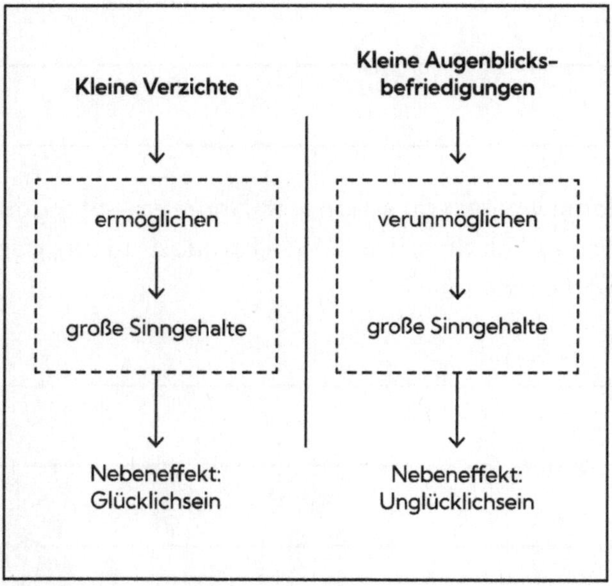

REFLEXION

Nimm dir Zeit für die Fragen:
Welche Verzichte würden für dich und dein Ikigai zu einem Gewinn führen?

Denk an Praktisches oder auch Ideelles – was könntest du loslassen? Was würdest du in Kauf nehmen, um dein Ikigai zu fördern?

____

____

____

____

____

____

ZUSAMMENFASSUNG

1. Ikigai lebt von der Haltung, dass die Vielzahl von kleinen Schritten eine große Veränderung bewirken kann, die für uns von großem Wert sein kann.
2. Diese Haltung wird in Japan Kaizen genannt.

STARTE EINE SACHE MIT IKIGAI-RÜCKENWIND

Wir leben in einer besonderen Zeit der Möglichkeiten - wann war es je zuvor möglich, über Nacht ein eigenes Business aufzubauen, einen eigenen Videokanal zu eröffnen und seine Kunst weltweit mit anderen zu teilen?

Mit der Entwicklung des Internets, der sozialen Medien, MP3 und Kryptowährungen ging ein Ruck durch viele Industrien: Heute kann ich im Internet ohne Bank einen Kredit aufnehmen und meine Kunst und Musik ohne Label vertreiben. YouTube ist voll von Tutorials, wie man heute mit künstlicher Intelligenz und Entwicklungsplattformen über Nacht ein Unternehmen gründen kann. Das heißt nicht, dass es erfolgreich sein wird - und auch nicht, dass wir damit glücklich werden. Was tun, wenn die Möglichkeiten schier unendlich erscheinen?

Für viele ist diese Vielfalt eine Überforderung. Einer meiner besten Freunde wohnt in Berlin, einer Stadt mit tausend Möglichkeiten auszugehen. Trotzdem gibt es viele Abende, an denen er zu Hause sitzt und Serien schaut, weil er sich nicht entscheiden konnte. Das Phänomen kennen wir aus der Marktforschung: Die über achtzig Sorten Butter und hundert Sorten Salatdressing im Supermarkt führen eher dazu, dass wir weniger kaufen als mehr. Man nennt das auch das »Auswahl-Paradox«. So kann es dazu kommen, dass wir trotz der vielen Möglichkeiten, ein Nebenbusiness aufzubauen, einen Blog zu starten, einen YouTube-Kanal zu beginnen, am Ende auf dem Sofa sitzen und Serien schauen. In Anbetracht unserer Einzigartigkeit, unserer Kreativität und der Möglichkeiten, die uns offenstehen, wäre es schade, wenn das so bliebe. Ikigai kann uns helfen, etwas zu starten, da es nicht nur nach dem »Warum« fragt, sondern vor allem nach dem »Wozu«.

Ikigai schärft unser Bewusstsein für bereits vorhandene Potenziale, Lebenserfahrungen, Leidenschaften, Werte und Begabungen. So können wir etwas beginnen, das sich nachhaltig in unserem Leben als Leidenschaft entfaltet und auch Herausforderungen oder Widerstände (und die werden kommen) übersteht. Unser Ikigai hilft uns innerlich stark zu bleiben und mit kleinen Schritten und Genügsamkeit kritische Situationen zu meistern.

Beständigkeit ist dabei ein Schlüssel. Jedes Vorhaben wird nur dann Erfolg haben, wenn wir dranbleiben, auch wenn die Motivation einmal nachlässt.

Als Vorhaben meine ich nicht immer gleich ein ganzes Unternehmen zu starten, es kann sein, dass du einen Berufswechsel vorhast, ein Ehrenamt beginnen willst, eine Fußballgruppe starten oder einen Discord-Server mit Freunden hochziehen willst – all das sind kleine oder größere Vorhaben, die sich wie eine kleinere oder umfangreichere Bergbesteigung verhalten.

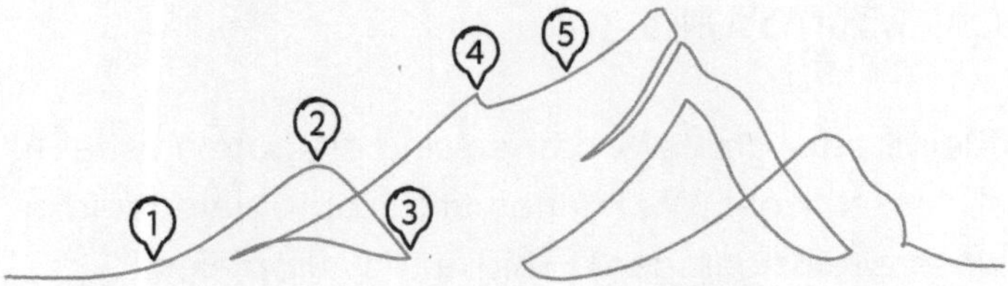

Dies können wir in fünf Schritten beschreiben:

1. Wir starten etwas und sind voller Motivation.
2. Wir sehen erste Erfolge und fühlen uns bestätigt.
3. Wir erfahren erste Rückschläge. Es treten Herausfor-

derungen auf, mit denen wir nicht gerechnet haben, es dauert länger, als wir erwartet haben - unsere Motivation bricht ein.

4. Im besten Fall können wir die Rückschläge überwinden und sind eine Stufe weiter: Wir haben etwas gelernt - vor allem, dass wir in der Lage sind, diese Herausforderungen zu meistern.
5. Neue Erfolge und neue Herausforderungen warten auf uns. Das Spiel beginnt von vorne.

Deshalb ist es wichtig, dass wir uns nach dem Start ein Schwungrad (kein »Hamsterrad«) aufbauen, das Momentum kreiert. Wir brauchen Schwung, um dranzubleiben, wenn Hindernisse auftauchen. Das können Freunde sein, die dich unterstützen, wenn es zu Herausforderungen kommt. Es kann ein Tagebuch sein, in dem du Erfolge und Herausforderungen festhältst - und vor allem, wie du sie überwunden und welchen Anteil du dabei geleistet hast.

ZUSAMMENFASSUNG

1. Kleine oder große Vorhaben sind ein gutes Testfeld für unser Ikigai: Wir können uns ausprobieren und unsere (einzigartigen) Fähigkeiten ausspielen.
2. Solche Vorhaben können uns mit anderen verbinden und zu Ikigai-Momenten führen.
3. Ein Vorhaben kann am Ende selbst zu einer besondere Ikigai-Quelle werden.

FINDE DEINE KREATIVITÄT

Im Jahr 2010 befragte IBM weltweit mehr als 1500 Führungskräfte zu ihren Herausforderungen. Fast alle antworteten, dass die größte Herausforderung die Komplexität sei. Die Dinge sind nicht nur kompliziert – nein, sie sind komplex. Das bedeutet, dass wir Probleme nicht mehr bis zu ihrer Ursache zurückverfolgen können. Es gibt zu viele Ursachen, die gleichzeitig wirken und keine »Schablone« mehr, mit der man die Probleme einfach lösen könnte. Man könnte es in der Aussage zusammenfassen: »Wir haben den Überblick verloren.« Doch in einem Punkt waren sich die Befragten einig: Wenn es eine Schlüsselkompetenz im 21. Jahrhundert gibt, die uns hilft, unsere Probleme zu lösen, dann ist es die Kreativität.

Wir alle treffen im Leben auf Herausforderungen, die wir nicht mit pauschalen Ansätzen lösen können. Auch die Herausforderungen in unserer Welt brauchen neue Herangehensweisen.

Dabei setzt Kreativität kein besonderes Talent voraus, noch nicht mal, dass wir bestimmte Methoden beherrschen – Kreativität ist Imagination in Aktion. Dafür braucht es einen »freien Geist«. Die Grundlage dafür ist Inspiration. Inspiration steht für »Einhauchen« und »Einatmen« – Inspiration für unseren Geist ermöglicht unser Wachstum und macht unser Ikigai lebendig.

ÜBUNG: MEDITATION ZUR KREATIVITÄT UND VORSTELLUNGSKRAFT

Bleib da, wo du jetzt bist – wenn du magst, kannst du den Blick senken oder die Augen schließen.

Atme tief ein – und aus.

Mach es noch einmal und finde deinen eigenen Rhythmus.

Schau, wie sich dein Atem beruhigt.

Und jetzt lade ich dich ein zu schauen, ob du einen Lieblingsort aus deiner Vergangenheit findest, an den du in deinen Gedanken zurückkehrst.
Welcher Ort fällt dir spontan ein?
Wo auch immer das ist, du kannst auch jetzt noch einmal nachfühlen, wie es ist, in Gedanken dort zu sein.
Spüre einmal, was du an dem Ort gefühlt hast.
Welche Emotionen werden jetzt in dir wach?
Vielleicht hörst du sogar, welche Geräusche du dort vernommen hast oder wie es dort riecht?
Was für ein Wetter du mit dem Ort verbindest?

Vielleicht ist es ruhig und still, vielleicht auch sehr windig und stürmisch?
Und vielleicht kannst du jetzt noch einmal in dich selbst reinhören – wie ist dein internes Wetter gerade?
Welche Emotionen verspürst du, wenn du an den Ort denkst?
Was geht es dir bei der Vorstellung, dass du noch einmal an den Ort gehen könntest?
Welche Emotionen kommen in dir hoch?
Verspürst du Lust, Freude oder vielleicht auch ein wenig Wehmut?

Nimm es nur wahr.

Du kannst dich daran erinnern, dass diese Emotionen uns in Gang setzen können – Emotionen setzen uns in Bewegung.
Aber wir sind weit mehr als unsere Emotionen.
Emotionen sind temporär.

Atme noch einmal tief ein – und lange aus. Und komme dann wieder zurück.

Die Kraft der Imagination ist großartig. Sie kann uns an andere Orte entführen, in die Vergangenheit und auch in die Zukunft bringen und gibt uns die Kraft, Neues zu versuchen.

Gleichzeitig kann sie uns genauso aufhalten, wenn es darum geht, den ersten Schritt zu tun. Wir können uns die bedrohlichsten Szenarien ausmalen. Unter all den möglichen Annahmen, die in Frage kommen, wählen wir in der Regel die, welche die schlimmste für uns wäre. Ich kenne das von mir, wenn mich jemand anrempelt oder in der Schlange übersieht. Ich bin mir dann sicher, dass diese Person mich nicht respektiert. Viele andere mögliche Gründe ziehe ich erst gar nicht in Betracht.

Dieser Hang, auch »Negativitätsverzerrungen« genannt, ist tief in uns verwurzelt. Als Menschen sind wir evolutionär darauf getrimmt, Gefahren und Risiken zu erkennen. Das fängt schon im Kindesalter an und wurde in zahlreichen Studien belegt. So können wir auf Fotos einzelne Personen, die aggressiv in die Kamera schauen, inmitten einer großen Menschenmenge erkennen. Wir erkennen sie und unser Blick verengt sich. Viele neutral oder fröhlich schauende Personen nehmen wir dann nicht mehr wahr. Das kennen wir auch, wenn wir neben neun guten Nachrichten (Lob, Anerkennung) eine einzige Kritik bekommen. Diese speichern wir ab.

Das zeigt sich auch bei der Wahrnehmung von Nachrichten und Medien. Negative Nachrichten haben eine viel stärkere Wirkung auf uns, als neutrale oder positive. Forschende können dies bei Gehirnscans durch eine stärkere Aktivierung beim Betrachten negativ beladener Bilder messen.

Dies hat zur Folge, dass ein großer Teil unserer täglichen Gedanken negativ gefärbt ist. Hinzu kommt, dass sie sich überwiegend wiederholen. Unsere Amygdala ist sozusagen etwas übervorsichtig eingestellt. Dies kann unsere Kreativität einschränken. Wenn wir mehr Risiken als Chancen sehen, schließen wir einige Lösungswege von vorneherein aus. Wenn sich unsere negativ gefärbten Gedanken auch noch wiederholen, verwundert es nicht, dass Kreativität oft durch Sätze wie »haben wir schon versucht« zunichtegemacht wird.

Hier hilft uns Ikigai: Indem wir uns bewusst machen, was unser Leben lebenswert macht und welche Möglichkeiten uns zur Verfügung stehen, können wir unsere Aufmerksamkeit auf einen Raum von Lösungen lenken. Das ist keine Abkehr von Problemen, ganz im Gegenteil: Probleme sind das Futter für unsere Kreativität. Sie führen dazu, dass wir uns anstrengen, neue Lösungsansätze zu finden. Dabei hilft es uns, uns unserer negativen Verzerrungen bewusst zu werden und den Weg möglichst frei für kreative Ansätze zu machen.

Wir haben durch unsere Imagination Zugang zu einem Raum mit schier unendlichen Möglichkeiten. Wenn wir uns fortlaufend an diese Erkenntnis erinnern, kann uns das helfen, unsere Kreativität zu erhalten. Auch hier sind es wieder die kleinen Schritte, die Veränderung bringen: Laut Neurowissenschaftler*innen und Verhaltensforscher*innen beginnt Kreativität mit Nichtwissen, mit Hinterfragen. Sie fordert uns auf, uns der Unsicherheit zu öffnen und unsere eigenen Grenzen und Annahmen zu hinterfragen.

Dabei kommt uns unser Verstand oft in die Quere: Er wird alles versuchen, um Risiken zu begrenzen. Das führt sogar dazu, dass unser Gehirn versucht, an Annahmen festzuhalten, von denen wir wissen, dass sie nicht gut für uns sind. Deswegen halten Menschen an Aktien fest, auch wenn sie längst wissen, dass sie keinen Gewinn mehr einbringen können.

Diese limitierten Annahmen sind der Feind von Kreativität. Jedes kreative Brainstorming wird durch sie im Keim erstickt: »Das haben wir schon immer so gemacht« oder »Das wird nie funktionieren«. Auch ohne Gruppendynamik kommt jede*r von uns zu limitierenden Annahmen, wenn es um unsere persönliche Entwicklung geht. Eine dieser Annahmen, die wir alle haben, ist »das ist nicht möglich«.

Daher müssen wir unseren Verstand immer wieder (kreativ) überlisten, um nicht stehen zu bleiben. Das bedeutet vor allem, nicht aufzuhören dazuzulernen.

Als Akio Toyoda mit 52 Jahren Präsident von Toyota wurde, lernte er, Rennwagen zu fahren. Das half ihm, mit seinen Ingenieuren über Fahrverhalten und Autokonstruktionen zu sprechen. Er hätte auch sagen können: »Dafür bin ich zu alt«, oder: »Ein Präsident kann sich nicht mehr als Schüler zeigen«. Stattdessen formulierte er eine befreiende Annahme, die er für glaubwürdig hielt: »Wir alle sind Lernende.«

Es gibt ein großes Missverständnis zu Growth Mindset und Fxed

Mindset nach Carol Dweck. Es ist nicht schwarz und weiß. Wir alle haben Anteile davon in uns. Es gibt Bereiche, in denen wir stark sind und an Wachstum und Veränderung glauben, und es gibt Lebensbereiche, wo wir das nicht für möglich halten.

REFLEXION

Jetzt kannst du Annahmen für dich prüfen.

In welchen Bereichen denkst du, dass es dir nicht mehr möglich sei, kleine Schritte der Veränderung zu gehen?

Welche Annahmen triffst du, sodass du dies nicht für möglich hältst?

Welche befreienden Annahmen könntest du stattdessen glaubwürdig annehmen?

____

____

____

____

____

____

Für meine Tochter ist der Strand so etwas wie eine begehbare Staffelei. Einmal dort angekommen schnappt sie sich einen Stock und malt in den Sand. Ein Gemälde nach dem anderen entsteht, ihre Kreativität scheint kein Ende zu kennen.

Für meinen Sohn ist der Strand eine schier grenzenlose Welt zum Bauen und Konstruieren. Der Ingenieur in ihm wird wach, er stapelt Steine, entwirft Sandburgen oder Dämme – es ist für ihn wie Minecraft spielen im Sand.

Es ist die gleiche Umgebung, die doch bei beiden ganz unterschiedliche Arten von Kreativität hervorruft. Das ist möglich, weil der Strand so viele Möglichkeiten zulässt. Für beide wäre es nicht dasselbe, wenn sie ihre Kunst nur mit vorgefertigten Schablonen gestalten könnten. Genau das passiert, wenn wir versuchen, unser Ikigai mit dem Purpose-Diagramm zu bestimmen. Es schränkt uns mit seiner Struktur ein und kann unserer Kreativität und Imaginationskraft nicht annähernd gerecht werden.

Wir haben uns bereits Geschichten von Künstlern und Sportlern über ihre kreative Freiheit angeschaut. Eine weitere Person, die sich diesen kreativen und kindlichen Geist erhalten hat, ist Shigeru Miyamoto. Sein Name ist hierzulande weniger bekannt als die Spiele, die er entwickelt hat: Space Invaders, Donkey Kong, Zelda und Super Mario. Jedes dieser Spiele wurde über 50 Millionen Mal verkauft und begeisterte in den letzten dreißig Jahren ganze Generationen. Was sie auszeichnet, ist die Liebe zum Detail und das intelligente Design. Miyamotos kreatives Credo bei seinen Entwicklungen ist: »Ich folge nie Trends, ich entwickele meine eigenen Welten.«

In jedem Spiel, auf jedem Level versteckt sich eine Geschichte und ein Rätsel, das es zu lösen gilt. Die Narrative entsprechen grundlegenden menschlichen Motiven und Kinderträumen: Es gilt die Prinzessin zu befreien, das Böse zu besiegen und nebenbei die Welt zu retten – und das im Team mit den unterschiedlichsten Charakteren. Miyamoto hat sich nie als Ingenieur (er ist eigentlich Kunsthandwerker) gesehen, sondern als Designer. Er war einer der ersten Spieleentwickler, bei dem die Charaktere, ihre Geschichten und ihre Herausforderungen entstanden, bevor die Spiele programmiert wurden.

Wie bedeutsam Mario als Figur ist, zeigte sich 2016 bei der Abschlussfeier der Olympischen Spiele in Rio: Der japanische Premierminister verwandelte sich für die Zeremonie in einem Film in Mario, um es noch rechtzeitig ins Stadion zu schaffen. Dort sprang er im Mario-Kostüm aus einer überlebensgroßen Blume, um auf die nächsten Spiele in Japan hinzuweisen. Die Presse und Millionen von Zuschauenden waren überrascht und begeistert. Diese Form von spielerischer Kreativität und kindlichem Geist ist typisch für die japanische Kultur. Sie findet sich überall wieder, etwa im Straßenverkehr, wo Baustellen- und Warnschilder in Form von »Hello Kitty« und anderen Comicfiguren leuchten.

Für uns unvorstellbar. Genau wie ein*e Präsident*in, der/die uns im Kostüm einer Comicfigur repräsentiert. Wir würden erwarten, dass es einen angemessenen Auftritt und eine ordentliche Rede gibt, das würde ins »Schema« passen.

Wenn Kreativität ein Produkt unserer Vorstellungskraft ist, die unserem Geist entspringt, dann sollten wir sie nicht durch vorgefertigte Schemata und Diagramme begrenzen, sondern uns einen kindlichen Geist bewahren. Unser Ikigai gedeiht in Freiheit (siehe die sieben Dimensionen) – unsere kindliche Kreativität kann uns dabei helfen, es freizusetzen.

REFLEXION

Was hast du als Kind gerne gemacht?

____

____

____

Bei welchen Aktivitäten konntest du die Zeit vergessen?

Was könntest du davon noch einmal ausprobieren – so verrückt es auch klingen mag?

Eine Person, die ich sehr bewundere, ist Paolo. Er ist Cabeleireiro und »Hair Artisan« - kurz gesagt: Er schneidet mir regelmäßig die Haare. Paolo stammt aus Brasilien, wir beide können uns mehr oder weniger auf Portugiesisch unterhalten, was mit Händen und Füßen gut funktioniert und uns viel Freude bereitet.

Am Anfang ist unser Gespräch immer sehr lebhaft, aber sobald Paolo anfängt zu arbeiten, wird es immer ruhiger. Paolo widmet sich den Haaren bis ins kleinste Detail. Je mehr Paolo in den Flow kommt, desto ruhiger wird er. Wenn er ganz in den Moment eintaucht, kann ich deutlich beobachten, wie er das Geschehen um sich herum aus den Augen verliert und eine absolute Konzentration auf seine Arbeit entwickelt. Wenn Paolo ganz versunken ist, fängt er leise an, zu den Lieder zu singen, die im Hintergrund laufen. Seine gesamte Aufmerksamkeit

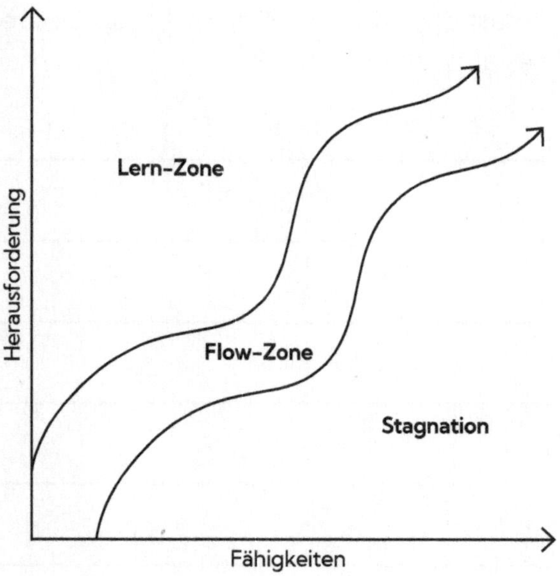

liegt auf seiner Tätigkeit. Der Forscher Mihaly Csikszentmihalyi nannte dieses Phänomen »Flow«.

Flow ist der Zustand, in dem man sich befindet, wenn man vollkommen in einer Tätigkeit aufgeht und nichts anderes mehr wichtig ist. Wir können dies bei allen Berufen sehen: bei Ärzt*innen, Sportler*innen, Keramik-Künstler*innen, Musiker*innen usw.

Flow erleben wir, wenn wir uns in einer optimalen Zone von Herausforderung (»es braucht meine Konzentration«) und Können (»ich kann meine Fähigkeiten voll einbringen«) befinden. Dann erleben wir Genuss, Freude und Kreativität. Nach Csikszentmihalyi erleben wir dies als vollständiges Einsseins mit der Tätigkeit.

Wie kommen wir (immer wieder) in den Flow? Hier gibt es ganz einfache Hinweise:

1. Alle Ablenkungen ausschalten.
2. Wenn es dich »packt«, also wenn du deine Ikigai-Quelle spürst, und das Leben es dir erlaubt, dann lass alles stehen und liegen, um dem Flow-Gefühl nachzugehen.
3. Erinnere dich daran, was dir Freude gebracht hat.

REFLEXION

Bei welcher Tätigkeit vergisst du alles um dich herum?
Was gelingt dir leicht und ohne Mühe?
Wann hast du das Gefühl, »das könnte ich stundenlang machen«?

Bei diesem »Eins-werden« vergessen wir sogar so manche Sorgen des Alltags. Wir erleben das Leben als wertvoll und spüren unsere Wirksamkeit, man könnte sagen: Wir erleben unser Ikigai in Aktion. Daraus erwächst für uns das Gefühl eines persönlichen Lebenssinns.

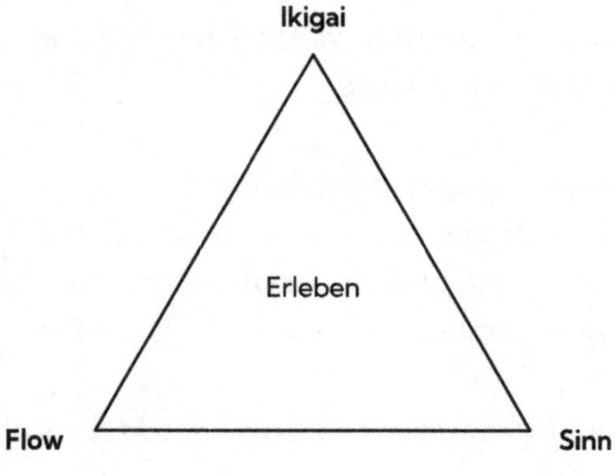

Dieser Zusammenhang von Flow, Ikigai und Sinn wurde in einer Studie mit Tai-Chi-Praktizierenden erforscht. Dabei kam heraus, dass die Erfahrungen von Ikigai, Flow und Sinn eng miteinander verbunden sind. Jedes Element nimmt einen Schwerpunkt ein:

Ikigai führt zu einem Gefühl von Lebenserfüllung, Selbstwirksamkeit und Selbstverwirklichung.

Die Erfahrung von Flow ist mit dem Gefühl verbunden, ein Ziel zu verfolgen und dabei in Aktion und Selbstkontrolle zu agieren.

Das Erleben von Sinn führt zu einem Gefühl von Bedeutsamkeit.

Im Flow geschieht noch etwas Bemerkenswertes:

Im Flow sind die Gehirnareale, die für Risiken und Bedenken zuständig sind, sprichwörtlich deaktiviert. Befinden wir uns nicht im Flow, sind diese aktiv und führen zu »Negativitätsverzerrungen« – also zu mehr Bedenken, limitierenden Annahmen und Sorgen.

Daher führt der »Flow State« zu einer wichtigen Mindset-Veränderung: Wir erleben nicht nur das, was wir tun, als »Fluss«, wir sehen auch mehr Möglichkeiten als Limitationen und gehen ermutigt durch unsere Selbstwirksamkeit (eine der Ikigai-Dimensionen) voran.

Eine Frage, die du dir immer wieder stellen kannst:

Warum nicht?

REFLEXION

Denke an die Momente, in denen du Flow erlebt hast Wie würdest du das Gefühl beschreiben, wenn du im Flow bist?

Welche Ideen kommen dir aus dieser Reflexion?

ZUSAMMENFASSUNG

1. Kreativität ist Imagination in Aktion.
2. Sie ist eine Hauptzutat für unser Ikigai.
3. Gleichzeitig hilft uns Ikigai, einen kreativen und freien Geist zu bewahren.
4. Wenn wir den Mut entwickeln, unserer Imagination freien Lauf zu lassen und uns nicht scheuen, eigene Wege auszuprobieren, können wir viele Möglichkeiten entdecken.
5. Flow ist der Zustand, wenn wir in einer Tätigkeit voll aufgehen und alles um uns herum vergessen. Der Zustand, der uns helfen kann, unserer Kreativität freien Lauf zu lassen, da hier Gehirnareale aktiv sind, die uns mehr Möglichkeiten als Limitationen sehen lassen.

BLEIB DRAN

»Ganbatte« ist ein Wort, dass du als Kind in Japan sehr häufig hörst. Es bedeutet »bleib dran« und »gib dein Bestes«.

頑張って

Im Kern geht es darum, niemals aufzugeben, egal, wie schwierig die Herausforderungen auch sein mögen. Dieser Gedanke des Durchhaltens wird japanischen Kindern von klein an mitgegeben.

»Ganbatte« wird typischerweise mit »kudasai« ergänzt – sodass aus der Aufforderung »bleib dran« eine Bitte wird. Dies entspricht der japanischen Höflichkeit und drückt sowohl Ermutigung als auch Respekt aus.

Ikigai ist kein Kurzzeitprogramm. Ikigai umfasst nicht weniger als das ganze Leben. Ich hoffe, dass dieses Buch dir dieses Spektrum aufzeigen konnte. Nun geht es darum, Ikigai in der Praxis anzuwenden. Das Leben ist das beste Training dafür.

Hab dabei Geduld mit dir. Es ist immer leichter, sich eine schlechte Gewohnheit anzueignen, als eine schlechte Gewohnheit loszuwerden. Noch schwieriger ist es, sich gute Gewohnheiten anzueignen. Wir alle haben schon gute Neujahrsvorsätze gefasst, nur um sie nach einiger Zeit wieder zu vergessen. Selbst der Präsident von Weight Watchers musste einräumen, dass ihr Programm bei langfristiger Betrachtung bei den meisten Anwender*innen scheitert.

Daraus können wir viel lernen: Zum einen wird deutlich, dass Willenskraft allein nicht ausreicht. Die Forschung ist sich in diesem Punkt einig: Egal, wie sehr wir uns etwas vornehmen und wie sehr wir auch von anderen ermutigt werden, es sind tiefer liegende Dinge, die darüber entscheiden, ob unsere Vorsätze gelingen oder nicht. So wirksam unsere Willenskraft in manchen Momenten ist, so schwach kann sie in anderen sein. In der Forschung wird die Willenskraft daher eher mit einem Muskel verglichen. Er kann stark sein, aber auch ermüden. Deshalb ist der Wille keine gute Kraft, um unsere Pläne zu verwirklichen.

Auf der anderen Seite sehen wir: Wenn wir mit unseren Vorhaben scheitern, kann es uns danach noch schlechter gehen als vorher. Sehr schnell können wir in eine Abwärtsspirale von Versagens- und Schamgefühlen geraten. In solchen Momenten werden unsere inneren Kritiker*innen schnell laut. Für ihn ist unser Scheitern ein gefundenes Fressen.

Aber was können wir dann tun, um gute Gewohnheiten für unser Ikigai aufzubauen?

Zum einen können wir neu über Erfolg und Misserfolg nachdenken. Wenn es im Ikigai mehr um das »Wie« unserer Lebensgestaltung geht, können wir unsere Ziele in kleinen Schritten angehen. Wir können genügsam und achtsam mit uns selbst umgehen. Wenn wir einmal scheitern, ist das nicht das Ende der Welt. Wir können uns angewöhnen, freundlich mit uns umzugehen und den inneren Kritiker*innen nicht mehr so viel Aufmerksamkeit zu geben. Ich habe meinen inneren Kritikern sogar Namen gegeben. Und wenn sie sich wieder melden, sage ich: »Ah, da seid ihr ja wieder – interessant. Schon wieder die alte Platte? Könnt ihr nicht mal was Neues machen?«. Denn bei den inneren Kritikern hilft das Unterdrücken nicht viel – sie werden dann eher noch lauter. Dann höre ich sie an und kann weitermachen und überlegen, was mir guttut. Mich erinnern: Du allein entscheidest über Erfolg und Misserfolg. Niemand sonst kann dir sagen, was für dich erfolgreich ist. Ikigai ist eine Quelle, um aus dem Vergleich und den Kategorien von Erfolg und Misserfolg auszusteigen. Entscheidend ist, was dein Leben lebenswert macht.

Zum anderen betrachten wir unser Leben mit Ikigai ganzheitlich. Das bedeutet, wir arbeiten nicht im System, sondern an unserem System.

Unser Lebenssystem ist dabei die Art und Weise, wie wir unser Leben planen, um darin zu agieren.

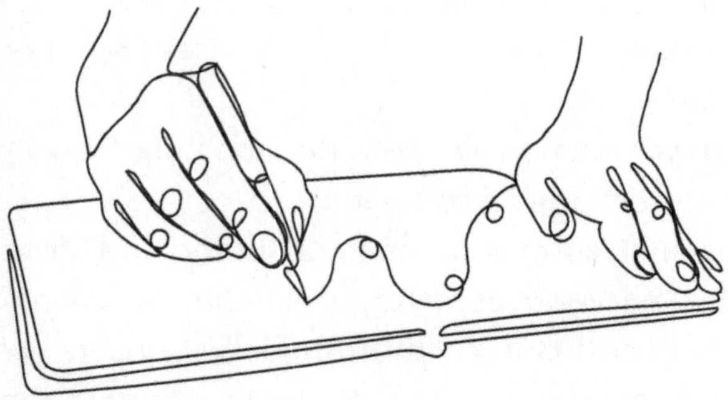

Lass uns das konkret machen: Wir wissen, dass wir uns gute Gewohnheiten aneignen können, wenn es uns leichtfällt. Dazu können wir uns kleiner Hilfsmittel bedienen (»kognitive Prothesen«).

Wir können beispielsweise unsere Räume zu Hause so gestalten, dass wir immer wieder daran erinnert werden, etwas zu tun. Wenn wir die Laufschuhe auf die Treppe stellen, können sie als Erinnerung für unser Vorhaben, mehr Sport zu machen, dienen. Wenn wir dann noch unsere Trainingssachen dazulegen, wird es immer einfacher, dem nachzugehen. Umgekehrt können wir schlechte Gewohnheiten ablegen, wenn es uns schwerfällt.

Das heißt, wenn wir unsere Essgewohnheiten ändern wollen, hilft es uns, anders einzukaufen. In diesem Beispiel wäre das Essen die Aktivität im System und das Planen des Einkaufs die Arbeit am System. Wenn ich keine ungesunden Sachen mehr im Haushalt habe, fällt es mir schwer, abends ungesund zu essen – um ein ganz konkretes Beispiel aus meinem Leben zu nehmen.

Eine gute Strategie wäre: Wenn du dich mehr bewegen möchtest, nutze die Zeit auf dem Weg zu Arbeit und plane die Zeit für den Weg mit dem Fahrrad oder zu Fuß. Such dir ein Fitnesscenter, das auf dem Weg legt. Eine schwierige Strategie wäre: für mehr Sport zu einer anderen Uhrzeit aufzustehen. Dann musst du zwei Gewohnheiten auf einmal ändern und deine innere Uhr komplett neu stellen – dies könnten zu viel auf einmal sein.

Eine gute Strategie wäre: Wenn du mehr lesen möchtest, lege dir abends das Buch auf den Frühstückstisch.

Eine schwierige Strategie wäre: Sich einen Buchclub zu suchen, um mit anderen an verbindlichen Terminen zu lesen – dies könnten zu viele Abhängigkeiten sein.

Wenn du auf deiner Ikigai-Reise zu dem Schluss gekommen bist, dass du dir in Zukunft mehr Zeit für Reflexion nehmen möchtest, ist es notwendig, an deinem System zu arbeiten. Schau in deinen Kalender und plane sorgfältig Zeiten für dich ein. Lege dir Erinnerungen in deinem Handy oder an verschiedenen Orten in deiner Wohnung an. Verbinde aktuelle Aktivitäten, die du sowieso machst, mit den neuen Plänen. Du könntest den Spaziergang mit dem Hund oder den ersten Tee am Morgen mit der Zeit zum Nachdenken verbinden. Oder die Fahrt zur Arbeit usw. Lass deiner Kreativität freien Lauf und schau, wie du dein System nutzen kannst, um deine Vorhaben in die Tat umzusetzen. Am besten funktionieren diese Strategien, wenn du es dir leicht machst und dir das Ganze auch noch Freude bereitet.

Zu guter Letzt: Schau auf dein Leben, nicht auf die Aktivitäten! Entscheidend für jede Veränderung im Leben ist unsere Motivation. Fast alle Ansätze, Gewohnheiten zu ändern, werden scheitern, wenn wir keine langfristige Perspektive einnehmen. Hier hilft uns unser Ikigai, denn das wahre Ikigai fragt in der Weite eines Spektrums, was unser Leben lebenswert macht. Es fragt danach, wie wir leben wollen und wer wir in Zukunft sein wollen.

Deshalb geht es bei Ikigai nicht darum, welche Gewohnheiten wir im Einzelnen aufgeben oder uns aneignen wollen – Ikigai fragt uns, wer wir in Zukunft sein wollen. Das ist der Schlüssel zu unseren Gewohnheiten. Es ermöglicht uns, Dinge aus Leidenschaft zu tun und nicht, weil wir sie für richtig halten.

Für uns bedeutet das, uns konkret zu fragen, wer wir langfristig sein wollen, wie wir langfristig wahrgenommen werden wollen und erst dann, was wir dafür tun können.

Ein Beispiel: Wenn du dir wünschst, in Zukunft als jemand wahrgenommen zu werden, der weise und belesen ist und achtsam mit seinem Umfeld umgeht, dann kannst du dir dieses Bild sehr intensiv vor Augen führen. Wenn dies zu deinen Werten und Aspirationen passt, kannst du nun einen Plan machen, wie du dahin kommst. Es ist wie eine weitere Reise. Vielleicht ist es eine Liste mit zehn Büchern, die du lesen möchtest, vielleicht ist es ein Training oder ein Retreat, dass du besuchen möchtest. Was auch immer es ist, fang bei dir selbst an und entwickle eine Vision von dir in der Zukunft.

TAGEBUCHEINTRAG

Mach für diese Übung deine Lieblingsmusik an. Nimm gerne ein Lied, dass dir etwas bedeutet. Schau, dass du gute fünfzehn bis zwanzig Minuten ganz für dich hast. Schreibe einen Tagebucheintrag wie einen Brief an dich selbst, mit allem, was dazugehört: der Anrede und dem abschließenden Gruß. Schreibe darüber, wie dein Leben in fünf Jahren aussehen wird. *Wenn sich dein Leben in allen Belangen in den nächsten fünf Jahren gut entwickelt und sogar deine Vorstellung von einem lebenswerten Leben übertrifft:*

Was wirst du tun?
Wer wird um dich herum sein?
Was werden deine Ikigai-Momente sein?
Was macht dein Leben lebenswert?
Welche Herausforderungen wirst du bis dahin gemeistert haben?
Was wirst du bis dahin gelernt haben?
Wie wirst du dich fühlen?

NACH HAUSE KOMMEN: SCHLUSSWORT

Du hast durch die Übungen in diesem Buch viele Gedanken aufgeschrieben – damit hast du etwas Großes für dich geleistet. Dieses reflektierte Schreiben ist viel mehr als das bloße Festhalten unserer Gedanken und Gefühle. Es ist sogar mehr als das Denken auf Papier – wir entfalten damit unsere eigene Geschichte vor uns, wir sehen sie, wie sie Form und Kontur annimmt, und wir erkennen übergreifende Zusammenhänge. Es ist mehr als ein Reisetagebuch, wir schreiben uns selbst mit unserer eigenen Geschichte hinein – wir auf der Suche nach dem Ikigai.

Jetzt ist die Zeit für einen Punkt. Du kannst immer wieder deine Reisenotizen öffnen und sehen, was dich bewegt hat. Du kannst dein Schreiben und damit deine Reise weiter fortsetzen. Du kannst auch all die aufgeschriebenen Dinge nehmen, die du loslassen möchtest und sie in den Wind werfen oder im Kamin verbrennen.

Was auch immer du tust: Es ist deine Geschichte.

Etwas Besonderes kann passieren, wenn du deine Geschichte mit anderen teilst. Denn deine Geschichte ist Teil von etwas Größerem. Wenn wir uns gegenseitig von unserer Reise, von unserer Suche nach Sinn und Bedeutung erzählen, teilen wir das, was uns wirklich ausmacht.

Unser Ikigai lässt uns Menschen finden, zu denen wir gehören. Unsere Geschichte führt uns nach Hause.

Was auch immer du tust, es ist deine Geschichte.

WEITERFÜHRENDE LITERATUR

Frankl, Viktor: *Trotzdem Ja zum Leben sagen. Ein Psychologe erlebt das Konzentrationslager*, München 2018.

Lembke, Anna: *Die Dopamin-Nation. Balance finden im Zeitalter des Vergnügens*, Kandern 2022.

Levitin, Daniel: *The Organized Mind. Thinking Straight in the Age of Information Overload*, New York 2015.

Mogi, Ken: *Ikigai. Die japanische Lebenskunst*, Köln 2019.

Ota, Yuzo: *A Woman with Demons. The Life of Kamiya Mieko*, Montreal 2006.

Wong, Irwin und gestalten (Hrsg.): *Handmade in Japan: Pursuit of Perfection in Traditional Crafts*, Berlin 2020.

Dieses E-Book kannst du dir hier mit dem Code YUNA kostenlos herunterladen:

Tonn, Motoki: *Die Schönheit und das Herz von Kintsugi*, Hannover 2022

ÜBER DEN AUTOR

Klaus Motoki Tonn, geboren 1973, fand schon immer Erfüllung darin, Menschen in ihren Lebensfragen zu begleiten. Das und seine japanischen Wurzeln führten ihn zur Ausbildung zum Ikigai-Coach. Mittlerweile hat er die Passion zum Beruf gemacht und hilft Menschen und Unternehmen, einen Sinn für Werte im Alltag und Berufsleben zu entwickeln. Gemeinsam mit Nicholas Kemp gründete er den weltweit ersten Ikigai Summit, der jährlich mit Expert*innen wie Ken Mogi und vielen Wissenschaftler*innen und Künstler*innen stattfindet. Zudem ist er Jurist, Spezialist für Digitales und Innovation und Gründer mehrerer Beratungsagenturen und sozialer Initiativen. Zu seinen Kunden zählen u.a. Roche, Daimler oder BRITA.

Liebe*r Leser*in,

wir hoffen sehr, dir hat das Buch gefallen,
und würden uns freuen, wenn du eine Rezension
bei deinem Lieblings-Onlinehändler schreibst.

Hast du Fragen, Wünsche oder Anregungen?
Dann schreibe gerne an: yuna@penguinrandomhouse.de.

Viele Grüße
YUNA

www.yuna-publishing.de

Alle in diesem Buch veröffentlichten Aussagen und Ratschläge wurden vom Autor und vom Verlag sorgfältig erwogen und geprüft. Eine Garantie kann jedoch nicht übernommen werden, ebenso ist die Haftung des Autors bzw. des Verlags und seiner Beauftragten für Personen-, Sach- und Vermögensschäden ausgeschlossen.

3. Auflage
Originalausgabe

produktsicherheit@penguinrandomhouse.de
Covergestaltung: Jürgen Kiermeier, unter Verwendung eines Motivs von © AdobeStock/VectorART
Bildnachweis: Alle Illustrationen © Lumen GmbH, Hannover
Autorenfoto: Michael Miklas
Kapitelseiten: AdobeStock/VectorART
Layout/Satz: Jürgen Kiermeier, YUNA
Druck und Bindung: GGP Media GmbH, Pößneck
Printed in Germany

ISBN 978-3-517-30338-3